PROJETO CIÊNCIA

# PELOS CAMINHOS DO SANGUE

**Rogério G. Nigro**

13ª edição
**Reformulada**

ILUSTRAÇÕES
André Vazzios
Selma Caparroz

Atual Editora

**SARAIVA Educação S.A.**
Avenida das Nações Unidas, 7221 — Pinheiros
05425-902 — São Paulo — SP
Fone: (0xx11) 4003-3061
www.aticascipione.com.br
atendimento@aticascipione.com.br

**Dados Internacionais de Catalogação na Publicação (CIP)**
**(Câmara Brasileira do Livro, SP, Brasil)**

Nigro, Rogério G.
Pelos caminhos do sangue / Rogério G. Nigro. — 13. ed. reform. — São Paulo : Atual, 2010. — (Projeto Ciência)

Bibliografia.
ISBN 978-85-357-1203-2 (aluno)

1. Ciências (Ensino fundamental) 2. Sangue — Circulação (Ensino fundamental) I. Título. II. Série.

10-00654 CDD-372.35

**Índice para catálogo sistemático:**

1. Circulação : Sangue : Fisiologia humana : Ensino fundamental 372.35
2. Sangue : Fisiologia humana : Circulação : Ensino fundamental 372.35

**Coleção Projeto Ciência**
*Gerente editorial*: Rogério Gastaldo
*Editora-assistente e edição*: Solange Mingorance
*Auxiliar de serviços editoriais*: Rute Brito
*Estagiária*: Mari Kumagai
*Preparação de texto*: Shirley Gomes
*Revisão*: Pedro Cunha Jr. e Lilian Semenichin (coords.) / Aline Araújo
*Pesquisa iconográfica*: Cristina Akisino (coord.) / Roberto Silva
*Gerente de arte*: Nair de Medeiros Barbosa
*Assistente de produção de arte*: Grace Alves
*Coordenação eletrônica*: Silvia Regina E. Almeida
*Projeto gráfico, capa e diagramação*: Ulhôa Cintra Comunicação Visual e Arquitetura
*Produtor gráfico*: Rogério Strelciuc
*Ilustrações*: André Vazzios e Selma Caparroz
*Imagem de capa*: Hemácias fluindo dentro de uma veia humana / 3D4Medical.com/Getty Images
*Suplemento de atividades*: Rogério G. Nigro
*Impressão e Acabamento:Gráfica Bueno Teixera*



13 edição/2 tiragem
2018

CL: 810513
CAE: 576072

# APRESENTAÇÃO

Você sabe o que existe no seu sangue e por que ele é vermelho?

Com este livro, você vai descobrir por que o seu sangue é vermelho e também vai explorar o fluxo sanguíneo, o tema das transfusões e o que acontece quando o corpo é "invadido" por agentes estranhos a ele.

É intrigante pensar que a constituição de sais e íons do sangue de diferentes organismos seja mais ou menos constante e guarde semelhanças com a água do mar, você não acha?

É como se dentro de nós existisse um verdadeiro oceano! Um oceano repleto de substâncias que as células do corpo podem compartilhar. Será essa a reflexão que convidamos você a fazer lá na frente, ao final de sua leitura.

**Rogério G. Nigro**

# SUMÁRIO

# POR QUE NOSSO SANGUE É VERMELHO?

1

Glóbulos vermelhos do sangue humano em imagem ampliada 1.350 vezes obtida ao microscópio eletrônico de varredura (coloração artificial).

David M. Phillips/PR/Latinstock

**VOCÊ GOSTA DE ANDAR DE BICICLETA?**
**MUITAS PESSOAS USAM A BICICLETA COMO UM MEIO DE TRANSPORTE. OUTRAS A USAM APENAS PARA O LAZER. MAS HÁ TAMBÉM QUEM PEDALE ATÉ OS LIMITES DO CORPO. SÃO OS ATLETAS QUE PRATICAM O CICLISMO.**

Se passear de bicicleta pelo parque é algo tranquilo para a maioria das pessoas, isso não acontece com os atletas nas provas de ciclismo. Em uma competição, eles têm de pedalar muito e o mais forte possível para se manter entre os primeiros colocados.

Em uma prova de estrada, por exemplo, dois ciclistas podem começar uma longa ladeira lado a lado. Um tenta pedalar mais forte do que o outro. As pernas começam a enrijecer, a respiração fica ofegante, o coração dispara e parece querer sair pela boca. O esforço é tanto que os ciclistas sentem que estão dando seus últimos suspiros. É necessário mais ar para manter a atividade física intensa.

Então um deles começa a ficar para trás. Com tanto esforço, a sensação de fadiga mistura-se à dor. Quem ficou para trás tenta respirar mais forte, precisa manter o ritmo, mas não consegue. Seu oponente começa a se distanciar. O cansaço mistura-se à frustração.

Um relato desses pode até parecer história de alguém que jamais venceu uma competição. Mas foi justamente isso o que aconteceu com o famoso ciclista Greg Le Monde. Nos anos de 1986, 1989 e 1990, ele foi o ganhador da prova mundial de ciclismo de estrada mais consagrada em todo o mundo — o *Tour de France*.

Em 1991, ele se sentia no auge de sua forma física. Seus tempos nos treinos eram os melhores de toda a sua carreira e ele tinha certeza de que seria o campeão pela quarta vez. Mas alguma coisa diferente aconteceu naquele ano: "[...] alguns competidores de anos anteriores, que sequer conseguiam ficar atrás de mim, agora disparavam à minha frente, mesmo nas subidas mais modestas [...]".

Darryl Leniuk/Masterfile/Other Images

Imagine quantas coisas estão acontecendo no corpo destes ciclistas.

No ano seguinte, o ciclista Greg Le Monde terminou a prova em 7º lugar. Dali para frente, sua performance declinou ainda mais. Em 1994, ele participou de seu último *Tour de France*. Já não era mais competitivo dentro do mundo do ciclismo.

Nas páginas seguintes, você explorará o corpo humano e poderá entender o que aconteceu com esse atleta. Pode parecer incrível, mas a principal diferença entre ele e seus oponentes estava no sangue.

## O microscópio e as células vermelhas do sangue

Para começarmos a conhecer melhor o nosso sangue, vamos contar com a ajuda de um instrumento do qual você já deve ter ouvido falar: o microscópio.

Antigamente, acreditava-se que o sangue fosse um fluido vermelho e homogêneo, impossível de ser fragmentado em partes. No entanto, quando o sangue passou a ser observado ao microscópio, descobriu-se que ele não era uma coisa única.

Mesmo visto através dos primeiros microscópios, que forneciam imagens confusas e pouco nítidas, foi possível ver que o sangue parecia mais um conjunto de incontáveis e pequenas estruturas, a maioria delas vermelhas.

The body in question

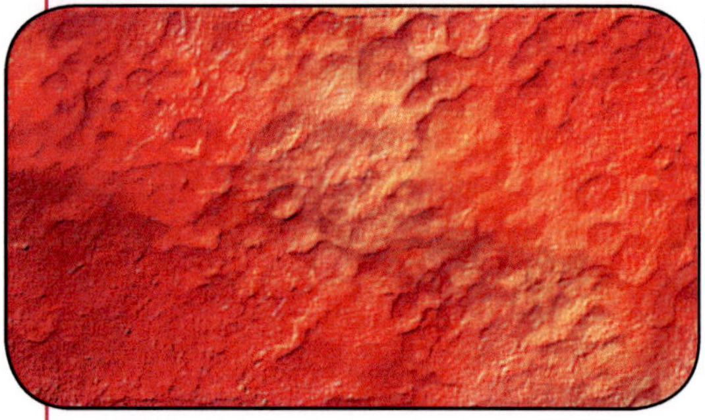

The body in question

Acima vemos uma imagem de sangue observado ao microscópio em 1700. Embaixo sangue observado em microscópio de 1760.

Mas, afinal, de que é formado o sangue? Seriam estas partículas avermelhadas o próprio sangue?

Hoje, o exame do sangue em modernos microscópios pode nos fornecer algumas imagens reveladoras. Podemos ver, por exemplo, que esse líquido não é mesmo homogêneo, mas que contém várias pequenas células. A maioria das células encontradas no sangue possui o formato de discos bicôncavos vermelhos — são arredondadas, porém, achatadas dos dois lados, lembrando a forma de um pneu. Essas células, numerosas e fáceis de observar, são conhecidas como glóbulos vermelhos, eritrócitos ou hemácias.

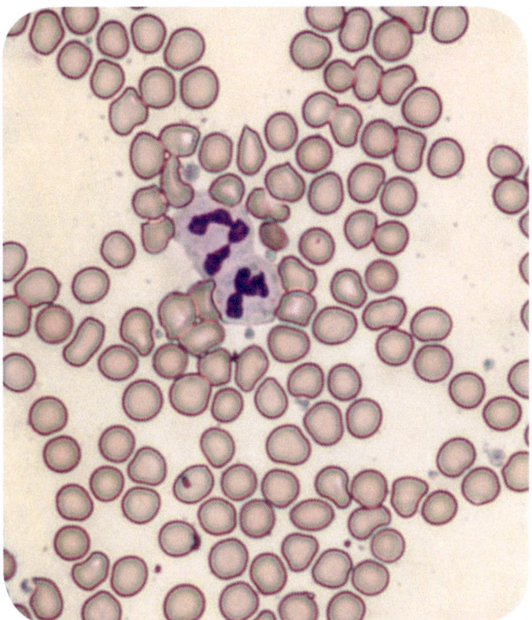

Martin M. Rotker/Photo Researchers/Latinstock

Imagem de esfregaço de sangue humano obtida a partir de um microscópio moderno.

Outras células do sangue, presentes em menor quantidade, são os glóbulos brancos ou leucócitos. Eles não têm uma forma tão característica como os glóbulos vermelhos, são maiores e incolores, menos abundantes e mais difíceis de serem vistos.

Analisando atentamente uma amostra de sangue ao microscópio, podemos ainda constatar que eritrócitos e leucócitos aparecem em um fundo amarelado. Esse fundo amarelado corresponde à porção líquida do sangue, conhecida como plasma sanguíneo. É no plasma que se encontram muitas substâncias, como os sais e os açúcares. Também é aí que estão mergulhados os eritrócitos, os leucócitos e alguns pequenos fragmentos celulares — as plaquetas.

Os eritrócitos ou hemácias do sangue também são chamados de glóbulos vermelhos por um motivo bastante óbvio: eles possuem a cor avermelhada. Como estão presentes no sangue em uma quantidade muito maior que as outras células sanguíneas (que são incolores), todo o sangue parece ser vermelho.

Para se ter ideia do volume de glóbulos vermelhos existente no sangue de um homem adulto, basta dizer que em 1 $mm^3$ desse líquido — ou seja, em mais ou menos uma gota de sangue —,

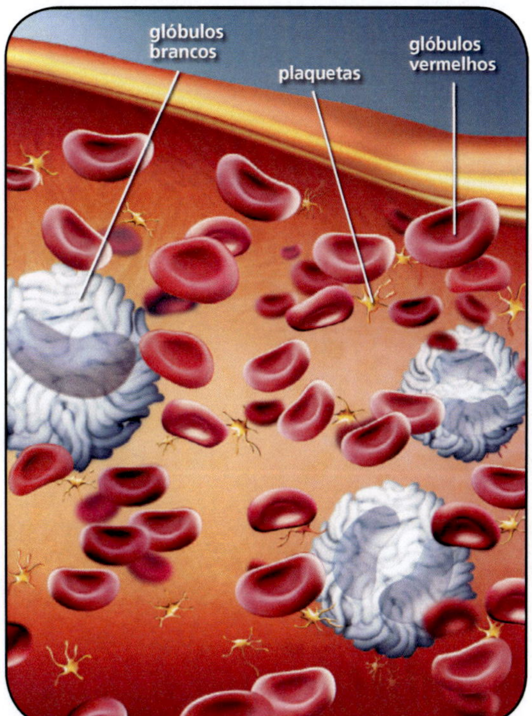


Representação artística do sangue — imersas no plasma, estão as células sanguíneas.

podemos encontrar cerca de 5,5 milhões dessas células. Isso corresponde a algo entre 40% e 45% do volume de sangue. A mulher adulta possui um pouco menos hemácias do que o homem: cerca de 4,85 milhões de células por $mm^3$.

E cada célula de sangue tem, em seu interior, algo que nos é fundamental, conforme veremos a seguir.

Você sabia?

**Os eritrócitos nos animais**

O sangue de diversos animais, como elefantes, macacos, raias, rãs e muitos outros, também possui hemácias em grande quantidade. Nem sempre, porém, essas hemácias são pequenos discos bicôncavos como as nossas. Em peixes, répteis, anfíbios e aves, por exemplo, as hemácias são ovais ou elipsoides.

Já nos mamíferos (exceção feita ao camelo e seus parentes), os eritrócitos são circulares e, curiosamente, não possuem núcleo, estrutura existente nas demais células do nosso corpo.

Também é interessante notar que em seres vivos de dimensões corporais tão diferentes, como o ser humano e o elefante, o tamanho dos eritrócitos é praticamente igual.

Mais interessante ainda: em alguns seres vivos muito pequenos, como certas salamandras e rãs, o tamanho das hemácias chega a ser dez vezes maior que o das hemácias de seres vivos de grande porte, como um elefante.

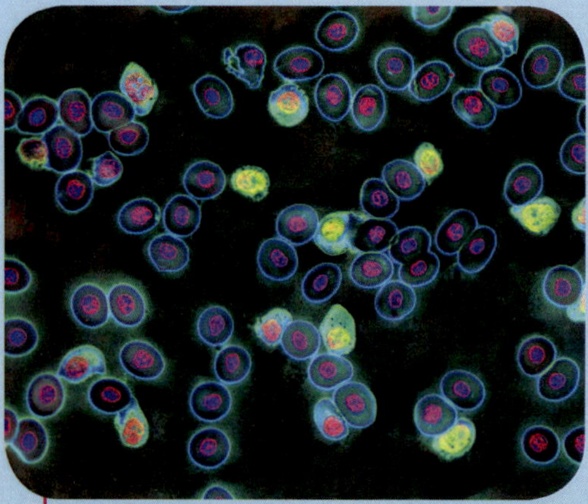

Oxford Scientific/Diomedia

Micrografia de sangue de galinha. Nesta imagem foram usadas cores fantasia para acentuar a estrutura interna.

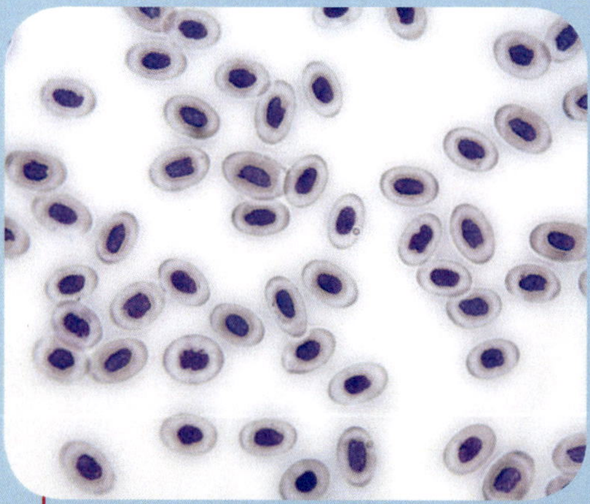

Edward Kinsman/Photo Researchers/Latinstock

Células sanguíneas de réptil, vistas em microscópio de luz, numa ampliação de 630 vezes.

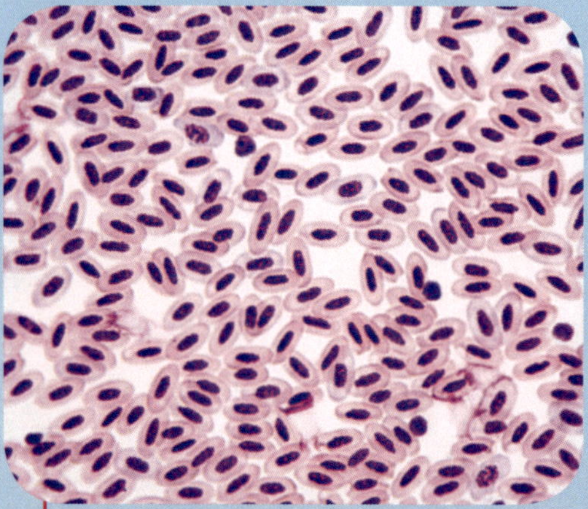

Edward Kinsman/Photo Researchers/Latinstock

Sangue de pássaro, visto numa ampliação de 630 vezes, num microscópio de luz.

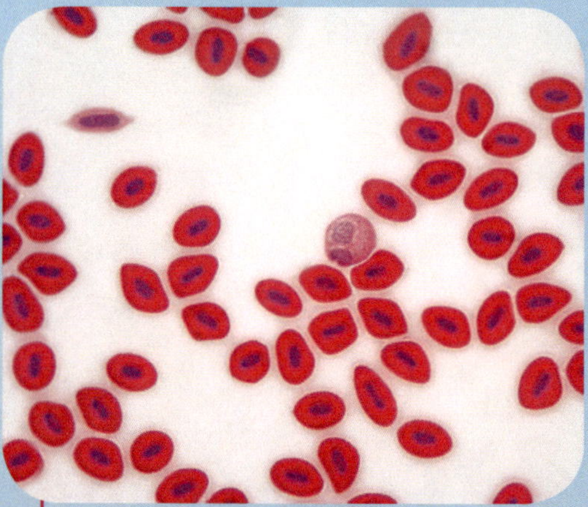

Garry DeLong/Photo Researchers/Latinstock

Glóbulos vermelhos nucleados de um peixe; ampliação de 588 vezes.

# A hemoglobina

Você já sabe que dentro do sangue há células vermelhas. Mas, e dentro dessas células vermelhas, o que é que podemos encontrar?

Dentro de um glóbulo vermelho sanguíneo existem cerca de 280 milhões de moléculas de hemoglobina. É essa molécula que confere ao sangue a coloração vermelha. Além disso, as moléculas de hemoglobina desempenham uma importante função: o transporte de oxigênio.

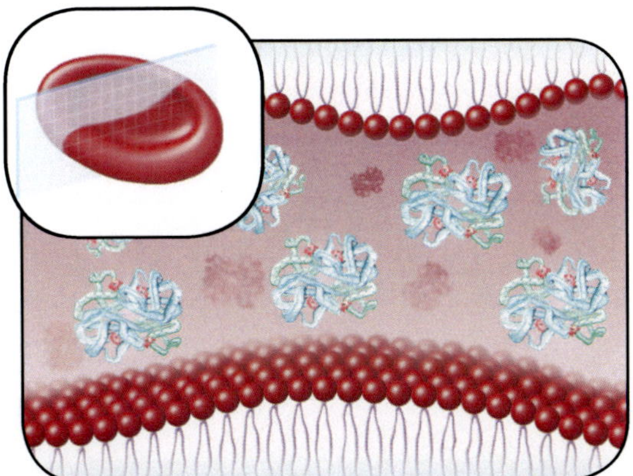

Representação artística do interior de um glóbulo vermelho, repleto de moléculas de hemoglobina.

Cada molécula de hemoglobina é naturalmente dotada da propriedade de atrair as moléculas de oxigênio existentes no ar. Dessa forma, podemos dizer que a hemoglobina é uma substância química que possui grande afinidade pelo oxigênio.

É devido a essa afinidade que, quando o sangue está passando pelos pulmões, a hemoglobina atrai as moléculas de oxigênio mantendo-as firmemente presas a si. A cada molécula de hemoglobina podem ligar-se quatro moléculas de oxigênio. Nessa situação, a hemoglobina é chamada de oxiemoglobina.

À medida que a oxiemoglobina percorre o sistema de artérias do nosso corpo, acaba passando por locais onde a concentração de oxigênio é baixa. Nessa situação, a sua afinidade por esse gás é alterada, ou seja, a afinidade da hemoglobina pelo oxigênio diminui. Nesse momento, o oxigênio se desprende da hemoglobina e passa para as células.

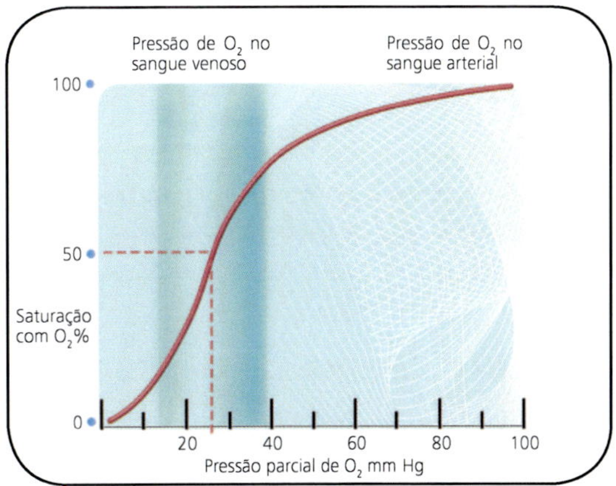


Curva de saturação da hemoglobina pelo oxigênio: a molécula de hemoglobina possui maior afinidade pelo oxigênio nas partes do corpo em que esse gás é encontrado em grande quantidade.

No entanto, ao mesmo tempo que isso ocorre, o gás carbônico ou dióxido de carbono ($CO_2$), um gás produzido em grande quantidade na respiração celular, passa para o plasma sanguíneo.

No plasma, uma parte do $CO_2$ junta-se a moléculas de bicarbonato aí existentes, formando-se, nessa reação, moléculas de ácido carbônico ($H_2CO_3$). Essa é a forma pela qual o gás carbônico é transportado no plasma sanguíneo até os pulmões. Além disso, uma pequena parte do $CO_2$ entra nas hemácias e liga-se às moléculas de hemoglobina. Nesse caso, a hemoglobina é chamada de carboxiemoglobina.

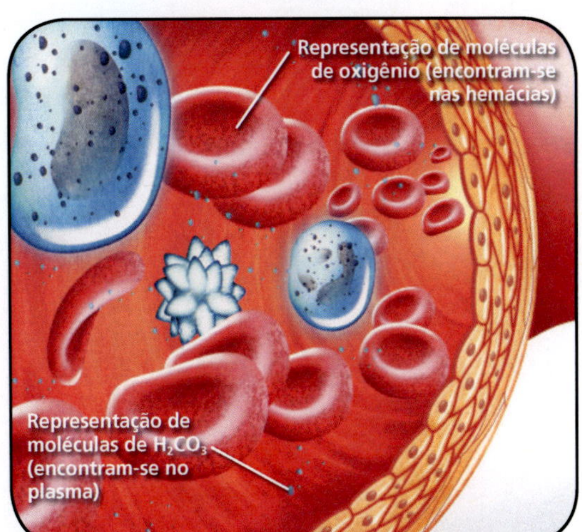


No sangue existem gases dissolvidos no plasma e presos à hemoglobina.

E você faz ideia do que acontece com todo esse $CO_2$ quando o sangue passa pelos pulmões? Pois é aí que o gás carbônico é eliminado, até finalmente sair do nosso corpo quando expiramos.

Assim, na medida em que respiramos, moléculas de oxigênio entram no nosso organismo e moléculas de gás carbônico saem dele. As moléculas de oxigênio contidas nos pulmões passam para as células vermelhas do sangue e, destas, para as demais células do corpo. Enquanto estamos vivos, as células vermelhas do sangue exercem essa função sem parar: segundo a segundo, dia após dia.

Você não acha intrigante que células tão pequenas e frágeis como os glóbulos vermelhos aguentem trabalhar tanto assim? Pois será esse mistério que desvendaremos nas páginas seguintes.

## Você sabia?

**O sangue embaixo da água**

Baleias e focas têm várias adaptações que lhes permitem mergulhar e ficar bastante tempo em águas profundas.

Para começar, esses seres vivos possuem uma massa de sangue que é de três a quatro vezes superior à dos mamíferos terrestres. Assim, enquanto os seres humanos possuem 70 mililitros de sangue por quilo de peso, as baleias e as focas possuem entre 200 ml e 250 ml.

Além disso, elas possuem uma concentração de hemoglobina no sangue duas vezes superior à concentração de hemoglobina nos seres humanos.

E, para complementar, baleias e focas possuem em seus músculos uma concentração dez vezes superior à dos seres humanos de mioglobina, uma proteína muscular que armazena oxigênio.

Peter Arnold /Other Images

Baleias possuem várias adaptações fisiológicas que lhes permitem ficar bastante tempo debaixo da água.

## A curta vida dos glóbulos vermelhos

Quantos anos você tem?

E o seu sangue, será que ele tem a mesma idade que você?

Talvez você nunca tenha parado para pensar nisso. Afinal de contas, se o seu sangue faz parte de você, nada mais natural do que admitir que ele tenha a sua idade, não é?

Mas explorar o nosso corpo pode nos trazer surpresas reveladoras.

As hemácias, assim como a maioria das células do nosso corpo, não têm a mesma idade que nós. Cada glóbulo vermelho de nosso sangue possui, no máximo, 120 dias de idade. Isso significa que, no decorrer de uma vida, uma infinidade de glóbulos vermelhos é produzida e destruída.

Jupiter Unlimited/Other Images

Apesar da diferença de idade, um idoso possui hemácias tão jovens quanto uma criança. Essas células duram até 120 dias no sangue.

Só para você ter ideia, a cada dia que passa, morrem cerca de 20 mil hemácias por milímetro cúbico de sangue. Os últimos suspiros da maioria dessas células são dados no baço, órgão situado no lado esquerdo de nosso abdome, um pouco abaixo das costelas.

Ao mesmo tempo que isso ocorre, em outra parte do corpo, novos glóbulos vermelhos são produzidos. Os "berçários" de células sanguíneas do corpo humano estão na medula vermelha dos ossos longos. Aí podemos encontrar hemácias em diferentes estágios de maturação, todas elas descendentes de algumas poucas "células-mãe": os hemocitoblastos.

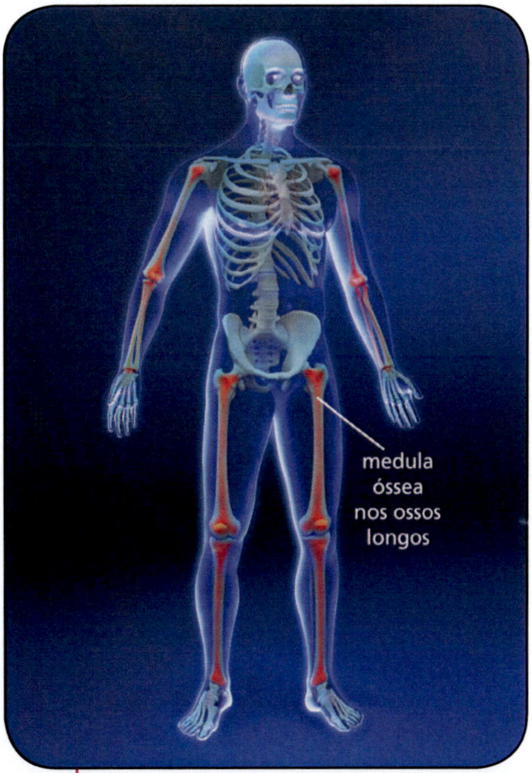


Representação da localização da medula óssea nos ossos longos.

### Você sabia?

**Transplante de medula**

Você já ouviu falar em transplante de medula? Existem algumas doenças que atingem a medula óssea, afetando a produção de células sanguíneas. Um tipo de tratamento para essas doenças é substituir a medula óssea doente por células normais. Primeiro a medula óssea doente deve ser destruída. Depois, o paciente recebe células de medula de um doador como se recebesse uma transfusão de sangue. As novas células se alojam na medula e aí se desenvolvem.

A divisão celular simples dessas células-mãe origina novos hemocitoblastos. Aos poucos, essas células começam a se diferenciar. Seu núcleo vai diminuindo de tamanho e em seu citoplasma aparecem cada vez mais moléculas de hemoglobina. Aos hemocitoblastos que chegam a essa fase damos o nome de eritroblastos.

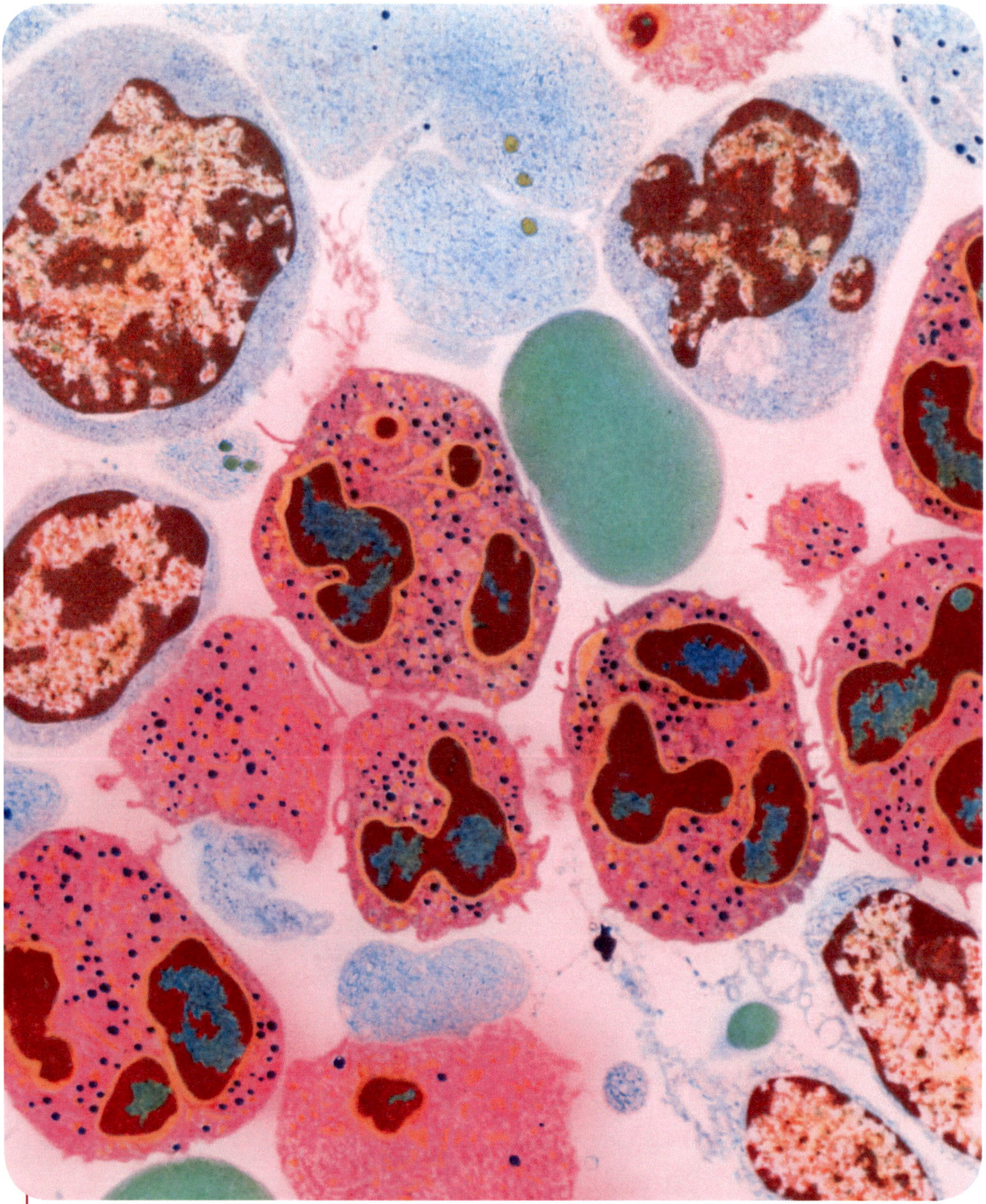


Micrografia eletrônica do interior da medula óssea humana. Foram usadas cores fantasia. Um glóbulo vermelho (cor verde em formato oval) é visto entre muitos glóbulos brancos do sangue.

O processo de diferenciação celular continua nos eritroblastos, que se transformam em células globulares, sem núcleo e com a cor vermelha — fruto da grande quantidade de moléculas de hemoglobina nelas contida.

Essas células são as hemácias "jovens", que logo ganham a corrente sanguínea, onde circulam por um dia. Esse período de tempo é o necessário para que elas se transformem em hemácias maduras e passem a circular ativamente no organismo. E agora você já sabe por quanto tempo: até cerca de 120 dias.

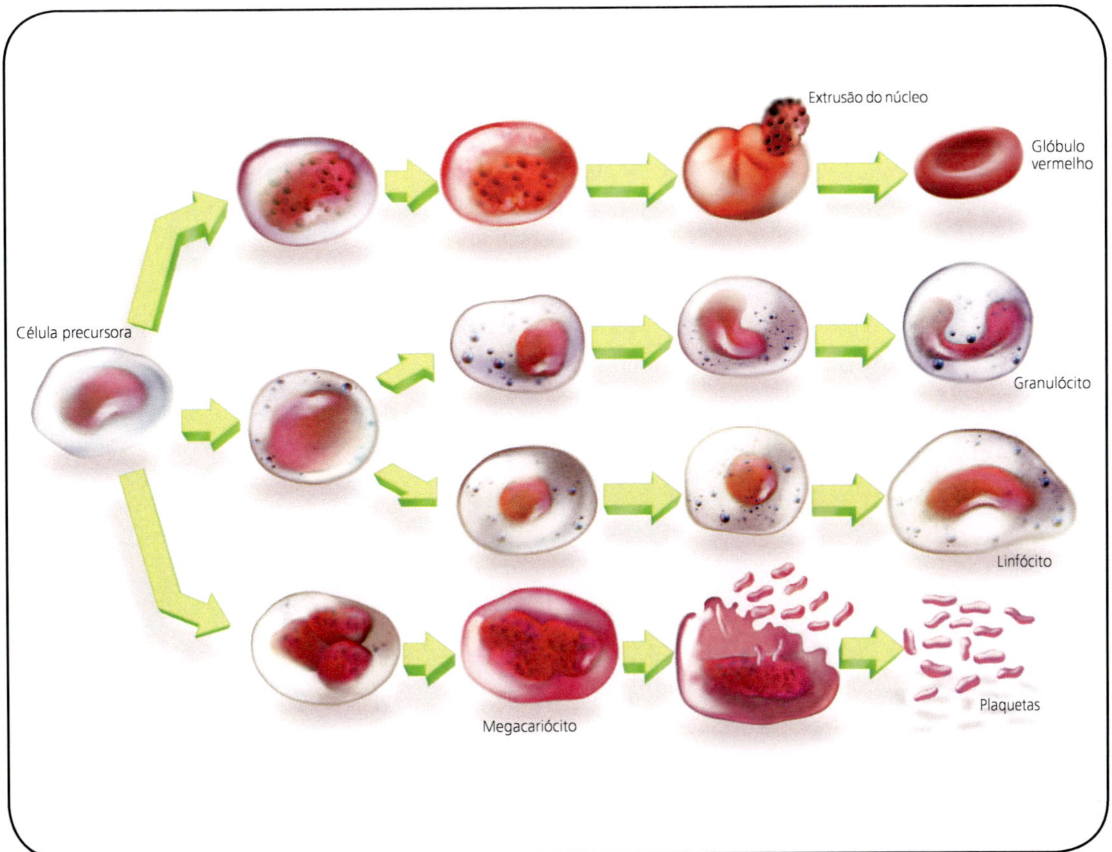


Diferentes fases do desenvolvimento de células do sangue.Todas as células do sangue provêm de células precursoras, como mostra a ilustração. Cada precursora tem um núcleo, que é expelido pelo glóbulo vermelho em formação (no alto). Os glóbulos brancos (centro) são feitos principalmente a partir de células primitivas da medula óssea. As plaquetas são fragmentos de megacariócitos, células com um núcleo gigante.

A produção de células vermelhas do sangue é estimulada por um hormônio chamado eritropoietina. Esse hormônio é produzido nos rins. No final da década de 1980, foi desenvolvida uma maneira de se produzir eritropoietina em laboratório. Isso foi muito importante para pacientes que possuem doenças crônicas nos rins. Mas também foi muito importante para outro público.

Estamos nos referindo a alguns atletas, entre eles vários ciclistas. Segundo o personagem do começo desse capítulo, Greg Le Monde, tomar injeções de eritropoietina começou a fazer parte do programa de treinamento de vários ciclistas, provavelmente a partir de 1991. Isso elevou a concentração de hemácias no sangue dos atletas e, consequentemente, incrementou a capacidade deles de disponibilizarem oxigênio para a intensa atividade muscular que o esporte exige. Na época, os atletas que não adotaram essa prática deixaram de ser competitivos.

O exemplo do ganhador do *Tour de France* de 1996 ilustra bem o caso: 60% do volume do sangue do atleta era constituído por células vermelhas. Apelidado de "Sr. 60%", o ciclista confessou anos mais tarde que seu alto volume de hemácias no sangue se devia a injeções de eritropoietina. Só para se ter uma ideia, um homem adulto normal possui pouco mais de 40% do volume sanguíneo constituído de glóbulos vermelhos.

Mas conhecer isso é só o começo dessa história! Se por um lado esse tipo de *doping* trouxe várias vantagens competitivas a alguns atletas, também trouxe consequências indesejáveis, como veremos no capítulo seguinte.

## ANEMIAS

Falta de ar, cansaço fácil e palidez podem ser sinais de que nossas hemácias não estão conseguindo levar aos tecidos o volume de oxigênio de que eles necessitam. A esse distúrbio chamamos anemia.

Existem vários tipos de anemia. Em alguns, a quantidade de hemácias está reduzida e/ou seu conteúdo de hemoglobina é menor do que o normal. Em outros, é a forma das hemácias que é alterada.

Por exemplo, existe um tipo de anemia que tem origem genética e se caracteriza pelo formato anormal das hemácias. É a anemia falciforme. Os indivíduos com anemia falciforme possuem hemácias rígidas, em forma de foice, o que compromete a capacidade de transporte de oxigênio.

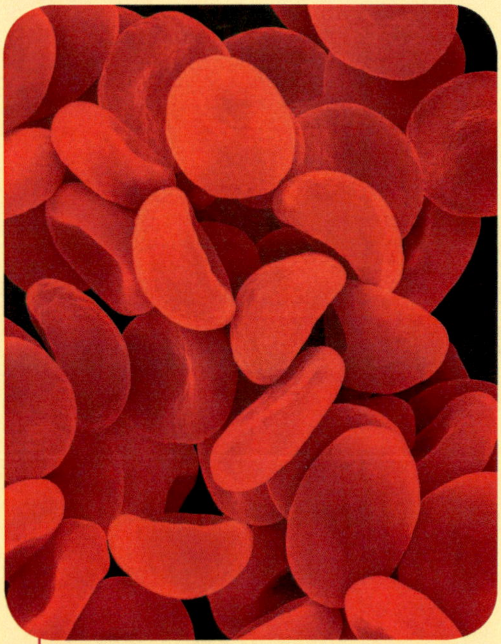

Dennis Kunkel Microscopy, Inc./Phototake/Image Plus

Hemácias normais.

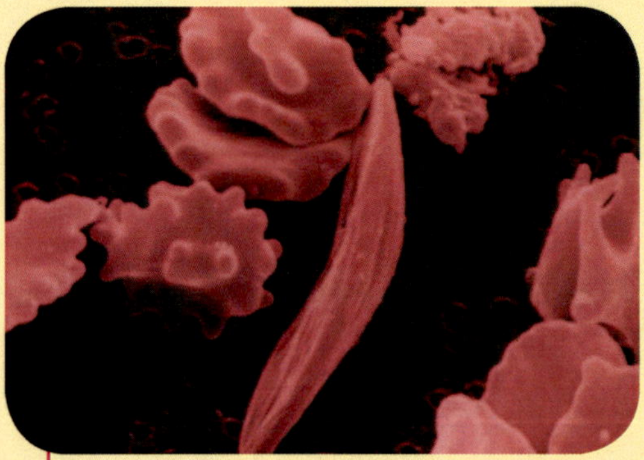

JACKIE LEWIN, ROYAL FREE HOSPITAL/SPL/Latinstock

Hemácias falciformes.

Por outro lado, existem anemias que não têm origem genética. É o caso das anemias pós-hemorrágicas, das anemias hemolíticas e das anemias carenciais.

As anemias pós-hemorrágicas são decorrentes da perda de sangue. Quando o sangramento que causa a anemia é súbito e intenso, as hemácias são normais, mas seu número fica reduzido na proporção da perda de sangue. Se a hemorragia é pequena, mas constante, a redução na quantidade de hemácias é menor, pois a medula tem tempo de acelerar a produção de eritrócitos. Mas os glóbulos vermelhos "apressadamente" produzidos são pequenos e descorados.

Nas anemias hemolíticas, um distúrbio interno qualquer ocasiona a destruição dos glóbulos vermelhos. Um tipo de anemia hemolítica bem conhecido é aquele que afeta os recém-nascidos em consequência de uma incompatibilidade sanguínea entre mãe e filho (como veremos no capítulo 3 deste livro). Outro tipo é o que ocorre com quem tem malária.

Como nas anemias pós-hemorrágicas, o número de hemácias também está reduzido na anemia hemolítica, embora o aspecto das células seja mais ou menos normal.

Já nas anemias carenciais, a quantidade de hemácias pode estar próxima do normal, mas as células apresentam tamanho reduzido e parecem "pálidas". A causa dessas anemias é uma dieta alimentar pobre em substâncias como o ferro e a vitamina B12, essenciais à produção de hemoglobina pelo organismo.

# O SANGUE EM FLUXO

# 2

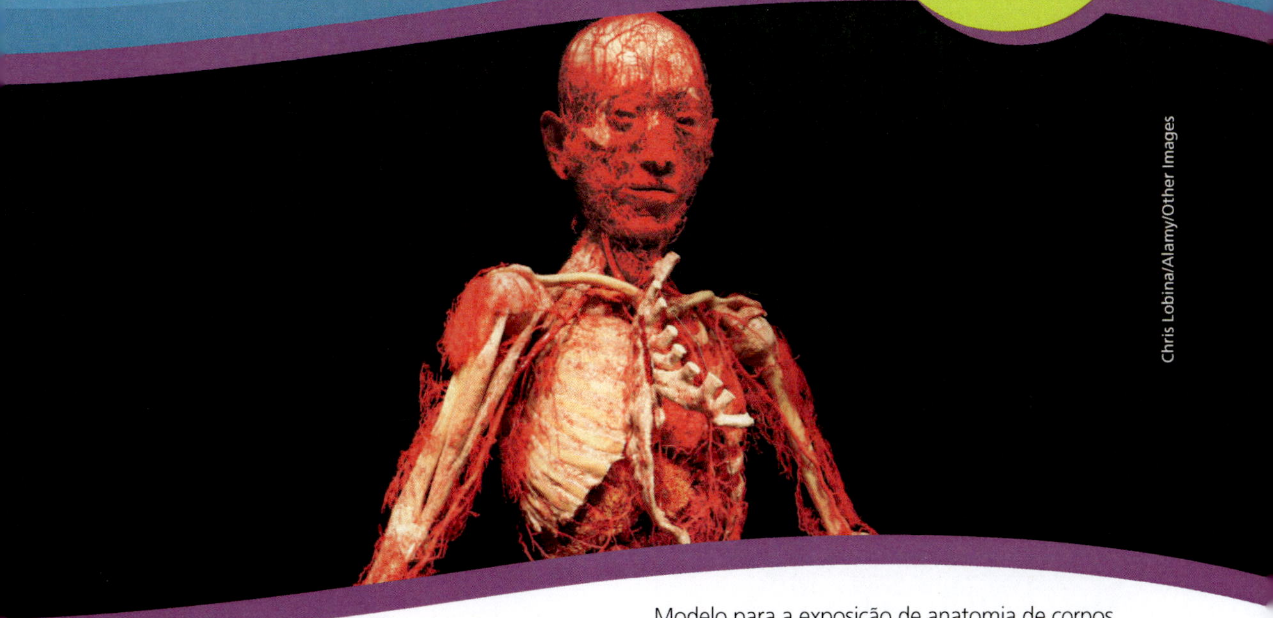

Chris Lobina/Alamy/Other Images

Modelo para a exposição de anatomia de corpos humanos reais que evidencia o sistema circulatório humano, com seus milhares de quilômetros de vasos sanguíneos. A peça pertence à exposição *Body Worlds*, vista em diversos países do mundo desde 1995.

**TARDE DA NOITE, UM CICLISTA, NO AUGE DE SEU TREINAMENTO E DE SUA FORMA FÍSICA, DORME. SESSENTA POR CENTO DO SEU VOLUME SANGUÍNEO É CONSTITUÍDO POR HEMÁCIAS. ELE É UM DOS FAVORITOS PARA VENCER A PRÓXIMA COMPETIÇÃO.**

Longe dali, Sueli, uma dona de casa alguns anos mais velha que o ciclista, também dorme. Levando uma vida sedentária, ela está longe de sua melhor forma física. E jamais esteve perto da forma física do ciclista. Mas esta noite reserva uma surpresa parecida para ambos.

O ciclista começa a passar mal, a sentir dores. Um grito acorda os colegas de quarto. O atleta está ofegante, mal consegue respirar. A situação piora. Ele luta pelo oxigênio tão indispensável à vida. Como alguém com tantas hemácias no sangue pode sentir essa falta de ar? O socorro médico chega em poucos minutos. Mas o atleta não resiste. É tarde demais.

Nesta mesma noite, a dona de casa também não se sente bem. Acorda o marido, que dorme ao seu lado. Sente uma dor muito forte no peito, como nunca havia sentido antes. O casal se dirige o mais rápido possível para o hospital mais próximo. Pouco tempo depois, ela está sedada, porém consciente. O médico coloca um tubo por uma pequena abertura feita em sua perna. No vídeo, ambos veem uma guia levar, por dentro do seu corpo, um balãozinho e uma estrutura cilíndrica. Em um local, o balão se incha, a estrutura é fixada... O médico abre um ligeiro sorriso e tranquiliza a todos: o susto já passou!

Neste capítulo, você vai entender melhor o que está por trás dos problemas enfrentados pelo ciclista e pela dona de casa. Veremos que, apesar de terem históricos diferentes, o problema básico de saúde que enfrentaram foi essencialmente o mesmo: dificuldades no fluxo de sangue pelo corpo.

## A circulação e a pressão arterial

Para desvendar o que aconteceu com o ciclista e a dona de casa, vamos primeiro conhecer como funciona o fluxo sanguíneo no corpo humano.

Hoje, sabemos que o sangue circula pelo corpo humano dentro de vasos sanguíneos. Isso é possível, pois o coração, que também possui sangue em seu interior, ao contrair-se, impulsiona esse líquido por um verdadeiro circuito de dezenas de milhares de quilômetros de artérias, veias e capilares.

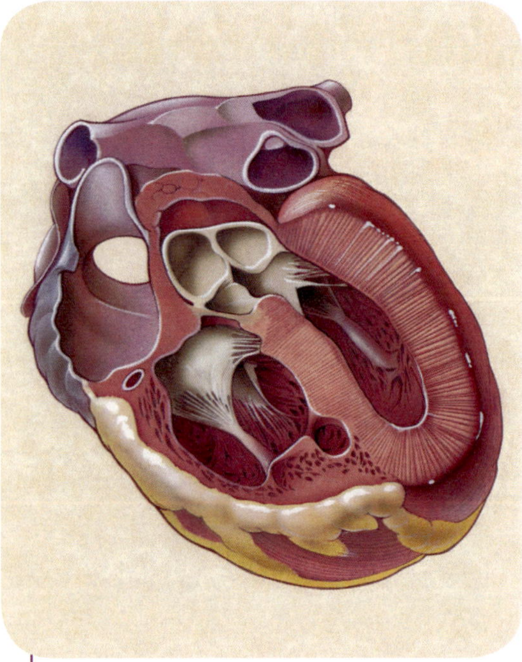

Birck Cox/Phototake/Image Plus

Ilustração de coração humano em corte. Dentro do coração há cavidades que ficam repletas de sangue.

As artérias são tubos elásticos. Quando o coração se contrai, o sangue que estava dentro dele é jorrado para as artérias, exercendo em suas paredes uma pressão máxima. Quando o coração relaxa, a pressão arterial é mínima.

Na média, a pressão arterial de um adulto é considerada normal quando apresenta valores de 120mmHg como pressão máxima e 80mmHg como pressão mínima. Popularmente se diz pressão 12 por 8.

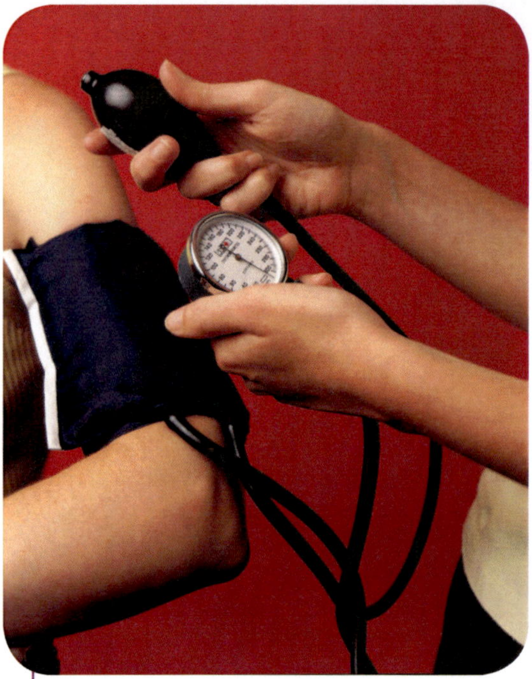

Peter Arnold /Other Images

A medição da pressão arterial pode ser feita com um aparelho chamado esfigmomanômetro.

À medida que o fluxo de sangue vai se distanciando do coração, as artérias vão se ramificando. A cada ramificação, ocorre também uma diminuição de diâmetro. Em um determinado ponto, as artérias atingem calibres muito pequenos, que caracterizam as chamadas *arteríolas*. Nas arteríolas, a pressão é mais reduzida, uma vez que o sangue já percorreu uma boa distância desde que foi impulsionado pelo coração.

Das arteríolas, o sangue continua fluindo até chegar a vasos de diâmetro tão pequeno que podem ser comparados ao diâmetro de um fio de cabelo: são os *capilares arteriais*. Dentro dos capilares, a pressão do sangue é mais reduzida ainda — algo em torno de 30mmHg. Nessas condições, alguns componentes do sangue chegam tão próximos das células do organismo, que podem ser absorvidos por elas.

Dessa maneira, nutrientes provenientes dos alimentos e o oxigênio, abundantes no sangue arterial, vão sendo gradualmente cedidos às células. Por outro lado, o sangue passa a receber das células substâncias indesejáveis para elas, como o gás carbônico.

Esse sangue pobre em oxigênio e rico em gás carbônico começa a circular nos *capilares venosos*. Os capilares venosos se juntam e formam vasos sanguíneos de calibre maior: as *vênulas*. Seguindo pelas vênulas, o sangue acaba finalmente desembocando em vasos de diâmetro ainda maior, as *veias*.

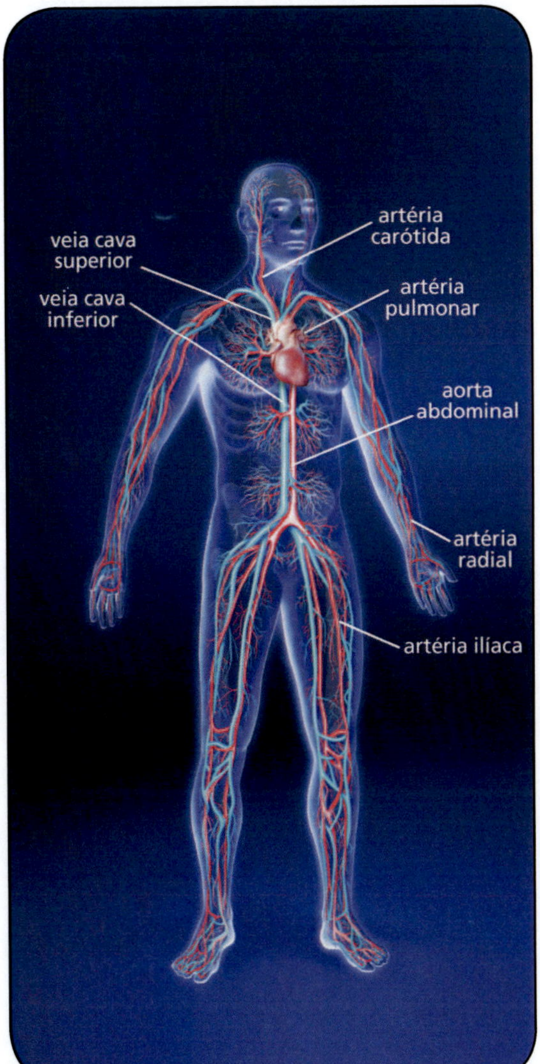


Artérias, veias e capilares formam um circuito de dezenas de milhares de quilômetros dentro do nosso corpo.

Nas veias, a pressão do sangue é de somente alguns milímetros de mercúrio. O sangue flui nelas mais por força muscular do que pela força que tinha ao ter sido impulsionado pelo coração. Dentro da maior das veias, chamada *veia cava*, o fluxo sanguíneo vai para o lado direito do coração, onde ganha novo impulso ao ser bombeado para os pulmões.

Nos pulmões, o sangue passa de vasos grossos para vasos cada vez mais finos, até chegar a milhares de minúsculas redes de capilares. Esses capilares permeiam pequenos sacos de ar: os *alvéolos pulmonares*. Os alvéolos estão cheios do ar que inspiramos, rico em oxigênio. É nessa região do corpo que o sangue perde gás carbônico e ganha oxigênio.

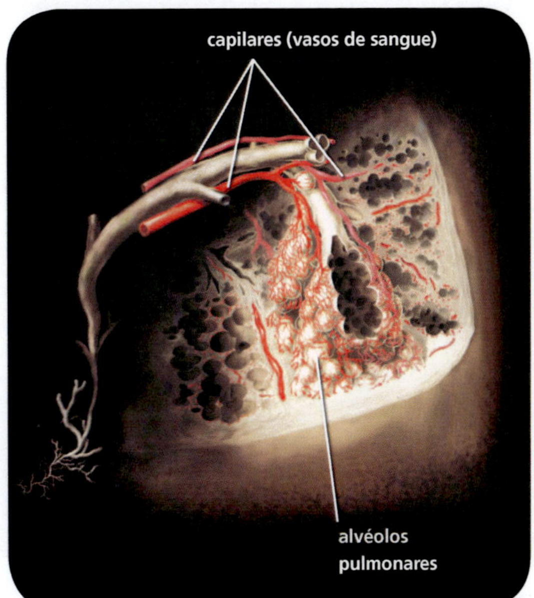


Anatomical Travelogue/Photo Researchers, In/Latinstock

Representação artística de rede capilar em volta dos alvéolos pulmonares. As paredes dos alvéolos são compostas de uma única camada de células muito finas rodeadas por um leito de capilares.

Após passar pelos alvéolos, o sangue segue de novo para o coração, desta vez, para seu lado esquerdo. Com a contração do coração, esse sangue é impulsionado para a maior de todas as artérias, a *aorta*. Uma volta completa pelo corpo foi dada e uma nova volta se inicia.

Mas problemas com o fluxo de sangue podem ocorrer nessa nova volta... É o que discutiremos mais adiante nesse capítulo. Antes, porém, vamos conhecer como se desvendou o caminho que o sangue faz pelo corpo.

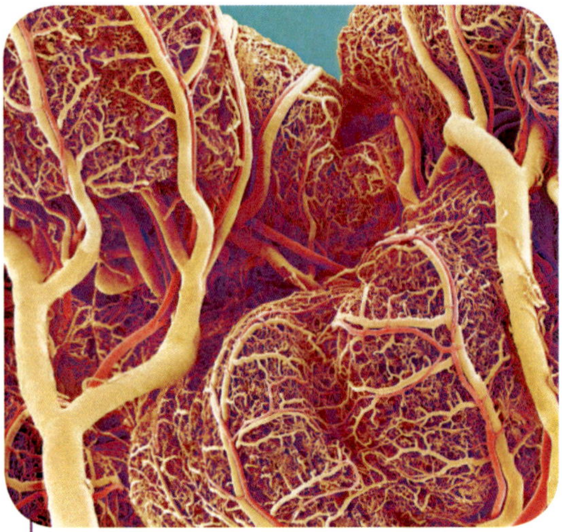

Susumu Nishinaga/SPL/Latinstock

Micrografia eletrônica de vasos sanguíneos do duodeno, região do intestino delgado. Foram utilizadas cores fantasia. Os vasos sanguíneos cor laranja são as veias e os mais finos (em vermelho) são as artérias. Eles trazem o sangue, respectivamente, de e para os menores vasos sanguíneos (os capilares), que se infiltram nas paredes do intestino, formando a estrutura vista aqui.

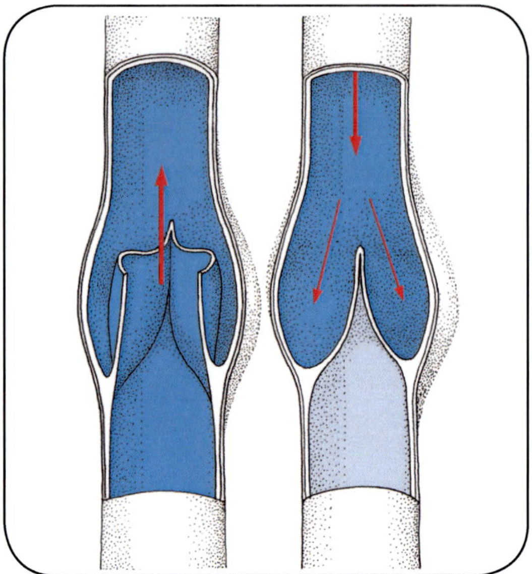

Medical Picture/Diomedia

Nesta ilustração, observa-se a funcionalidade das válvulas da veia, que devem evitar o fluxo sanguíneo retrógrado. Na imagem à esquerda, o sangue flui através das válvulas abertas, na direção do coração. Se o fluxo se reverte, as válvulas fecham e retêm o sangue (imagem à direita). Foram usadas cores fantasia.

## Um conhecimento que avança aos poucos

Nosso conhecimento sobre a circulação do sangue vai se modificando à medida que o tempo passa.

Na Antiguidade, já se admitia a existência de dois tipos de vasos percorrendo o corpo — as artérias e as veias. Mas, até o século XVII, não se sabia que o sangue percorria constantemente um circuito formado por artérias, veias e coração. Acreditava-se que ele se movia pelo corpo em ondas de fluxos e refluxos.

Foi o pesquisador inglês **WILLIAM HARVEY** que juntou todos os fatos descobertos sobre o coração e os vasos sanguíneos e, após uma série de experiências, percebeu que o sangue circulava dentro do nosso corpo.

Entre esses fatos, estava a descoberta das válvulas venosas, estruturas existentes dentro das veias. Harvey percebeu que elas deviam servir para impedir o sangue de inverter seu curso no interior das veias, isto é, para mantê-lo movendo-se sempre numa mesma direção.

### WILLIAM HARVEY

Jupiter Unlimited/Other Images

O pesquisador William Harvey

Médico inglês (1578–1647), que descobriu que o sangue era distribuído pelo corpo em um fluxo contínuo e num único sentido. No livro *Exercitatio anatomica de motu cordis et sanguinis inanimalibus*, publicado em Frankfurt (1628), apresentou sua revolucionária teoria sobre a circulação sanguínea. [...]

Fonte: Universidade Federal de Campina Grande. Disponível em: <http://www.dec.ufcg.edu.br/biografias/WilliHar.html>. Acesso em 28/08/09.

Uma das experiências feitas por Harvey consistia em amarrar um torniquete no antebraço por alguns instantes. Isso era o bastante para que os vasos sanguíneos superficiais da região compreendida entre o torniquete e a mão inchassem a ponto de ficarem salientes na pele. Assim que o torniquete era retirado, os vasos desinchavam. Harvey sabia que esses vasos superficiais eram veias, e não artérias.

Como o sangue nunca se acumulava nos vasos da parte situada entre o torniquete e o cotovelo, Harvey chegou à conclusão de que, nos vasos sanguíneos observados, o sangue seguia somente um determinado caminho — no caso, das mãos para o coração.

Somente se os vasos ficassem inchados também na região entre o cotovelo e o torniquete seria possível concluir que o sangue fazia pelas veias um segundo caminho, do coração para as mãos.

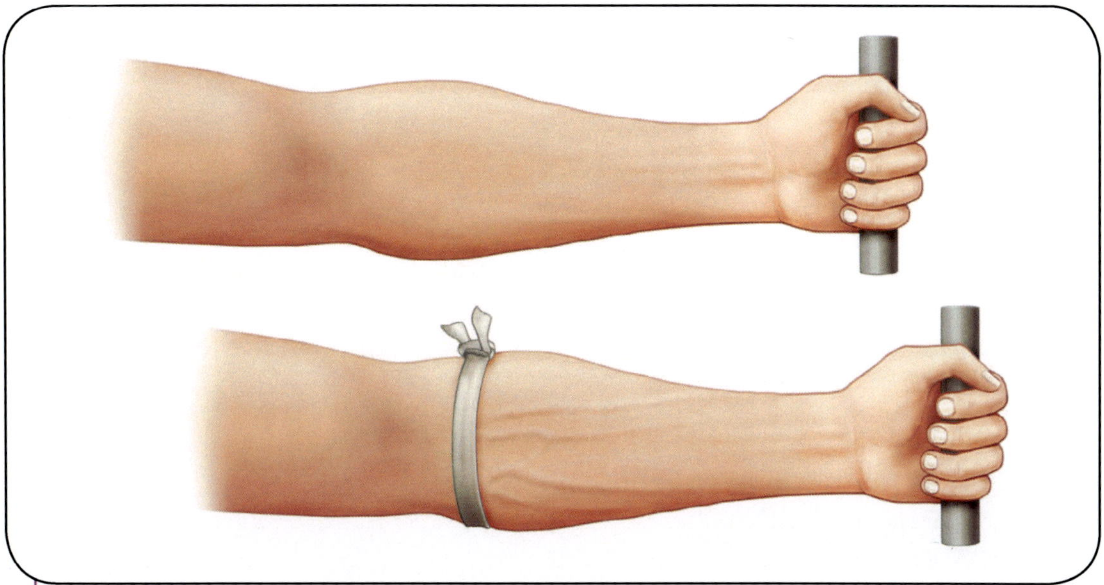

Simulação de um experimento de Harvey: o sangue se acumula entre o torniquete e a mão, e não entre o torniquete e o cotovelo.

Ao estudar as artérias do corpo, Harvey constatou que esses condutos tinham paredes bem mais elásticas do que as veias, situavam-se quase sempre bem mais profundamente nos tecidos do corpo e — coisa intrigante — não apresentavam o menor sinal de válvulas.

Com base nesses fatos, Harvey logo imaginou que, se pelas veias o sangue movia-se dos órgãos para o coração, talvez as artérias formassem um sistema de canais por onde ele fluísse em sentido contrário, isto é, do coração para os órgãos. Mas como as artérias estavam localizadas mais profundamente no braço, não era possível ver se elas inchavam, e em que ponto inchavam, quando esse membro era pressionado pelo torniquete.

## Matemática da circulação

Harvey tinha outro trunfo em favor da ideia de circulação do sangue. A partir da determinação da capacidade interna do coração, ele pôde deduzir que esse órgão devia jogar nas artérias cerca de 5 a 6 litros de sangue a cada minuto. Assim, obteve uma nova evidência favorável à ideia de que o sangue circulava. Afinal, uma simples conta de multiplicação mostrava que, se em um minuto o coração despejava 5 a 6 litros de sangue no sistema arterial, em uma hora ele injetaria nesse mesmo sistema o fantástico volume de 300 a 360 litros de sangue.

Era muito difícil admitir, argumentava Harvey, que nosso corpo conseguisse produzir tal quantidade de sangue em uma hora — ou mesmo em um dia. O mais lógico era pensar que o coração simplesmente bombeava o mesmo sangue, de modo a fazê-lo circular o tempo todo por nossas artérias e veias.

Para a comprovação total de suas ideias sobre a circulação sanguínea, Harvey precisava descobrir apenas uma coisa: as conexões que deveriam ligar as artérias às veias, fechando o circuito. Harvey morreu sem encontrá-las. Contudo, elas foram encontradas, cerca de quarenta anos depois da divulgação do seu trabalho, por um pesquisador italiano chamado MARCELLO MALPIGHI. Isso ocorreu quando Malpighi observava com o microscópio algumas estruturas pulmonares e viu os tubos microscópicos que ligavam artérias e veias: os capilares.

Depois da descoberta dos capilares, o caminho do sangue no interior do nosso corpo deixou de ser um mistério. No entanto, até hoje, a circulação continua a ser muito estudada. Um dos motivos principais desses estudos é desenvolver maneiras de restaurar um fluxo sanguíneo deficiente. Será esse o assunto que abordaremos a seguir.

**MARCELLO MALPIGHI**

Médico e biólogo italiano (1628–1694), considerado o fundador da *anatomia microscópica* [...]. Descobriu a rede de capilares do pulmão que conecta artérias e veias, confirmando a teoria de Harvey, e demonstrou que a renovação do sangue não ocorria no nível periférico como afirmavam os cientistas até então, numa das maiores descobertas da história da ciência. Hostilizado no meio acadêmico devido à polêmica descoberta, mudou-se para a Universidade de Messina, na Sicília (1662), onde identificou as papilas gustativas, estudou a anatomia do cérebro e foi o primeiro a observar os glóbulos vermelhos e a atribuir-lhes a cor do sangue (1666). [...]

Fonte: Universidade Federal de Campina Grande. Disponível em: <http://www.dec.ufcg.edu.br/biografias/MarclloM.html>. Acesso em 28/08/09.

Mary Evans/Diomedia

O pesquisador Malpighi

## Tecnologias para manter o sangue fluindo pelos vasos sanguíneos

Até aqui, você conheceu o fluxo do sangue pelo corpo humano. Mas, algumas vezes, podem ocorrer problemas na circulação sanguínea. No caso da dona de casa que vimos no início desse capítulo, o que aconteceu com ela pode ser explicado por um problema no fluxo de sangue no próprio coração.

Como os outros órgãos do corpo, o coração também possui seu próprio conjunto de artérias e veias. É o que chamamos de sistema coronário. Por meio dessa verdadeira rede de condutos, o músculo cardíaco (miocárdio) se abastece de alimentos e oxigênio e descarrega os restos das atividades vitais de suas células.

Quando, por algum motivo, um ramo das artérias coronárias tem seu fluxo sanguíneo reduzido, a parte do coração que esse ramo abastecia recebe menos sangue. Devido a isso, parte do coração pode ficar pouco irrigada e não se contrair com total eficiência. Ocorrem, então, dores fortes no peito. Essas dores podem se estender para os braços, para a região do estômago ou para as costas, configurando a angina do peito.

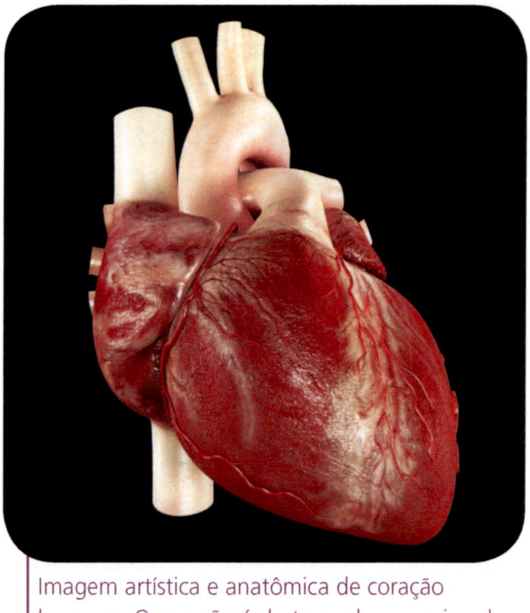

MEDI-MATION/SPL/Latinstock

Imagem artística e anatômica de coração humano. O coração é do tamanho aproximado de um punho fechado. Repare nessa imagem a existência de vasos sanguíneos que irrigam o próprio coração: é o sistema coronário.

Caso a diminuição do fluxo sanguíneo da artéria seja muito intensa ou até total, a parte do miocárdio que ela irrigava começará a morrer. Quando isso ocorre, a pessoa se sente muito mal, sua muito, fica desassossegada, tem náuseas e sente dores opressivas no meio do peito (que, como na angina, podem se estender para braços, abdome e costas). Está ocorrendo um infarto do miocárdio.

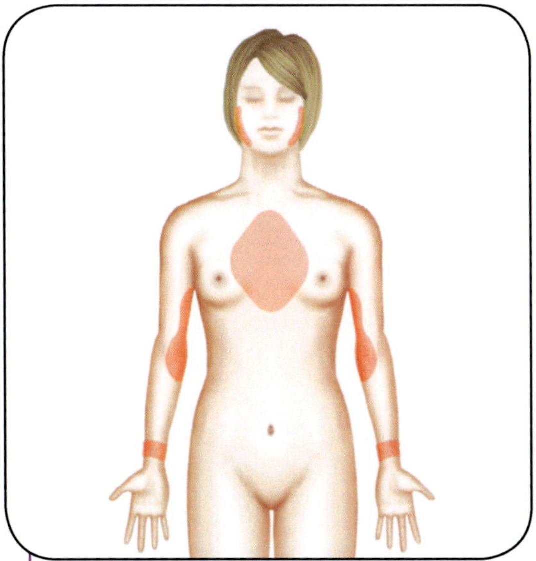

Partes do corpo em que uma pessoa infartada sente dores.

O que ocorreu com a dona Sueli foi justamente uma falha no fluxo sanguíneo do seu sistema coronário. Nesses casos, uma tecnologia que pode "remediar" o problema é a angioplastia.

Na **ANGIOPLASTIA**, os médicos inserem algo como um balãozinho murcho dentro de um vaso sanguíneo. Depois de posicionarem esse dispositivo na região onde o fluxo sanguíneo foi prejudicado, começam a inflá-lo. O balãozinho inflado empurra as paredes do vaso sanguíneo. Com isso, o vaso sanguíneo se dilata e o fluxo sanguíneo é restabelecido.

**ANGIOPLASTIA**

**Hospital das Clínicas da Unicamp — procedimento de angioplastia**

<http://www.hc.unicamp.br/laboratorios/labcateterismo.shtml>. Acesso em 02/09/09.

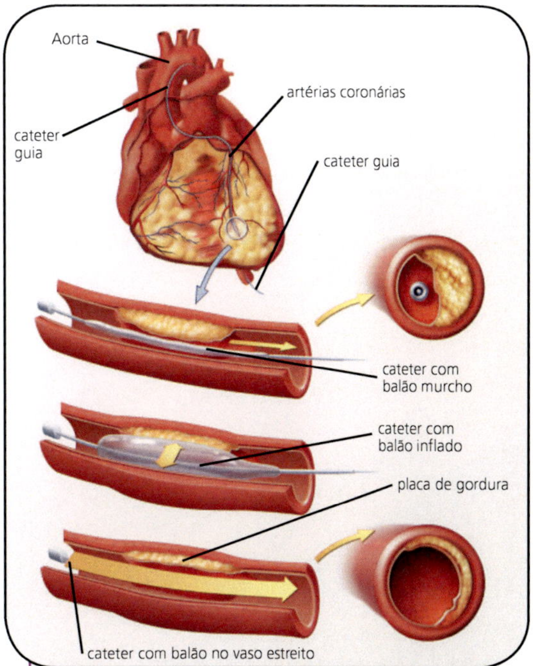


Etapas seguidas em um procedimento de angioplastia.

Mas, apesar de engenhosa, a angioplastia não é totalmente eficiente. Seis meses após a intervenção, cerca de 40% dos pacientes retornam ao médico para reabrirem os vasos sanguíneos nos mesmos locais. É que eles ficam novamente bloqueados.

Isso acontece porque a pressão do balãozinho pode danificar as paredes do vaso sanguíneo. Nesse local, machucado, ocorre uma inflamação semelhante às que acontecem quando nos machucamos (no capítulo 4 estudaremos mais detalhadamente o processo inflamatório).

A camada de músculo abaixo da parede do vaso sanguíneo, que foi ferida pelo procedimento, pode dilatar e acabar bloqueando o próprio vaso. No final, depois de alguns meses, há grande chance de se formar uma camada rígida no local do vaso sanguíneo que foi "mexido". Assim, o vaso sanguíneo se estreita novamente, o que pode impedir a passagem de sangue.

Uma das maneiras de se minimizar esse problema é recomendar aos pacientes que fizeram angioplastia que usem o ácido acetilsalicílico (a popular Aspirina) — um medicamento que tem o potencial de reduzir a inflamação.

Outra maneira é, quando possível, reforçar a abertura feita pelo balãozinho. Isso pode ser feito fixando aí pequenos tubos metálicos conhecidos como *stents*. Esses tubos sustentam a camada muscular, prevenindo o estreitamento do vaso sanguíneo. Mas, em alguns casos, nada disso adianta.

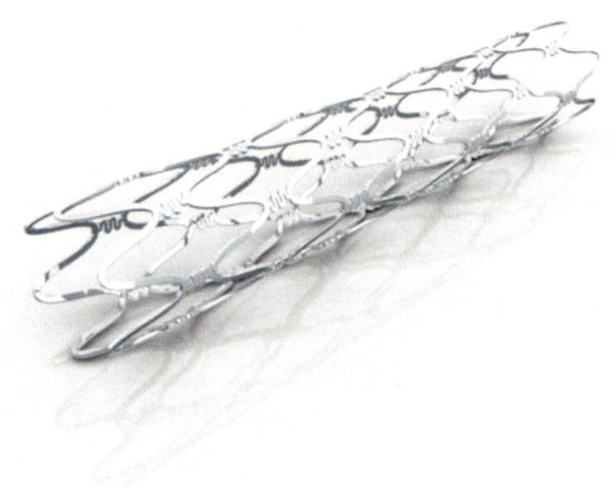

Medical Picture/Diomedia

*Stent*: um tubo metálico que pode ser usado associado à angioplastia.

## Arteriosclerose

A arteriosclerose é uma afecção caracterizada pelo endurecimento e pela falta de elasticidade das artérias, acarretando a má circulação do sangue dentro delas. Como regra geral, a arteriosclerose afeta todas as artérias do organismo. Mas é comum a doença ser mais intensa em determinado órgão ou região do corpo.

Quando ela ataca os vasos sanguíneos cerebrais, a pessoa pode ficar esquecida, ter falta de coordenação e enjoo. Se a arteriosclerose ocorre nas coronárias, pode provocar a angina do peito e o infarto do miocárdio.

A doença começa pelo acúmulo de gordura no interior dos vasos (ateroma). A gordura tende a calcificar-se, o que acentua a tendência de as artérias perderem sua elasticidade natural com o avanço da idade. Depois de certo tempo, pode ocorrer o acúmulo de placas de gordura dentro dos vasos, diminuindo o espaço de passagem do sangue, que só consegue passar aos pouquinhos e com muita lentidão.

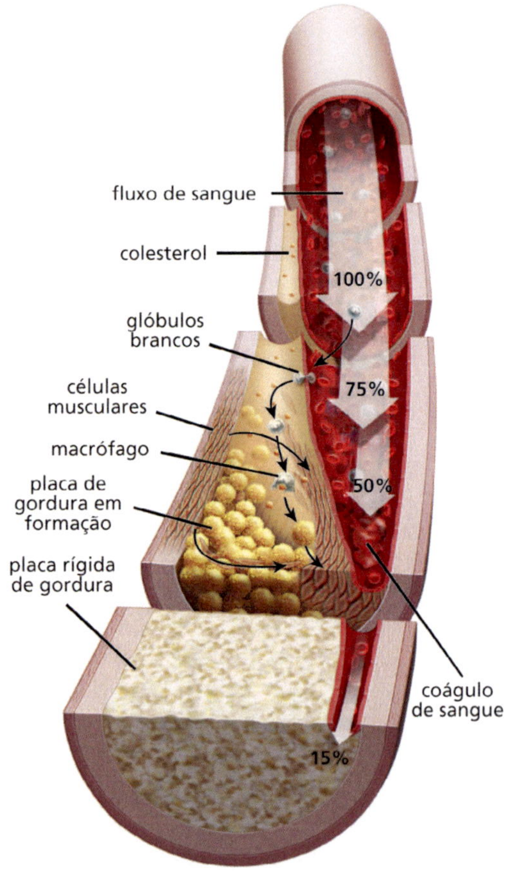


Representação artística das etapas da formação de placas pelo acúmulo de gordura nos vasos sanguíneos.

Vários fatores parecem contribuir para o aparecimento da arteriosclerose. Os principais são uma alimentação excessivamente rica em gorduras, a falta de exercícios físicos regulares, o hábito de fumar e outras afecções, como a pressão arterial alta e o diabetes.

No entanto, parece que a arteriosclerose, da mesma forma que os cabelos brancos, não pode ser totalmente evitada. Certa perda de elasticidade dos vasos sanguíneos ocorre com maior ou menor intensidade em todas as pessoas, mesmo nas que têm alimentação saudável, fazem atividade física regularmente e não fumam. Nesses casos, porém, há menos chance de a situação evoluir para angina ou infarto.

## Você sabia?

**O colesterol e as estatinas**

Colesterol é uma substância produzida pelo nosso corpo, usada para fazer várias outras substâncias. Alguns exemplos são os hormônios sexuais: testosterona, estrógeno e progesterona, todos eles são derivados do colesterol.

O colesterol é produzido no fígado. Do fígado, ele é carregado para o sangue através de uma lipoproteína de baixa densidade conhecida como LDL (sigla em inglês para *low-density lipoprotein* ou lipoproteína de baixa densidade). É no sangue que o colesterol em excesso fica armazenado. Muito colesterol no sangue associa-se à formação de placas que contribuem para o entupimento dos vasos sanguíneos.

Nos últimos tempos, a indústria farmacêutica vem explorando comercialmente substâncias conhecidas como estatinas. Essas substâncias reduzem a quantidade de LDL e, portanto, contribuem para que exista menos colesterol no sangue. Remédios à base de estatinas estão entre os medicamentos de maior sucesso comercial já fabricados pela indústria farmacêutica.

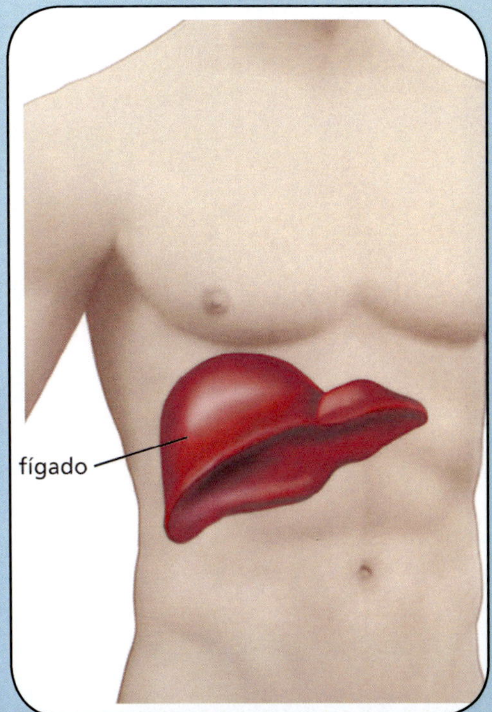


Ilustração identificando a localização do fígado no corpo humano.

## O sangue de quem vive nas alturas

Como vimos, uma das causas mais importantes do estreitamento dos vasos sanguíneos é o acúmulo de gordura e consequente formação de placa. Mas essa não é a única maneira de o fluxo sanguíneo ser prejudicado.

No caso da história do ciclista que narramos no início deste capítulo, o fluxo sanguíneo foi prejudicado por um motivo bem diferente. Para entender isso, será útil conhecermos o que acontece com a circulação do sangue de quem vive em grandes altitudes.

O relato a seguir é de um alpinista, que participou da primeira expedição de brasileiros ao EVEREST — a montanha mais alta do mundo. A cerca de 7.050 metros de altitude, ainda longe do topo da montanha, ele relatou:

*[...] comecei a ter problemas para respirar, fui ficando ofegante e tive de parar para descansar. Eu não conseguia subir mais 5 ou 6 metros sem parar para puxar o ar, [...] a mochila (de somente 14 quilos) pesava uma tonelada [...] (estava com) o coração quase saindo pela boca, suando sem parar [...]. Mas mantive a calma, afinal não era a primeira vez que eu sentia falta de ar, comum nos primeiros dias de escalada em grandes altitudes [...].*

BRANDOLIN, Thomaz. *Everest*: viagem à montanha abençoada. Porto Alegre: L&PM Editores, 1993. p. 103.

EVEREST

**Efeitos da altitude**

<http://www.discoverybrasil.com/everest/altitude/flash/noflash/index.shtml>. Acesso em 02/09/09.

Em altitudes elevadas, os alpinistas têm dificuldade para respirar.

Trabalhadores de uma cooperativa mineira da Bolívia.

Com esse relato, fica claro que o alpinista respirava com dificuldade. Essa dificuldade respiratória pode ser explicada porque, quanto mais alto subimos em relação ao nível do mar, mais rarefeito se torna o ar atmosférico. Ou seja, nas grandes altitudes, existe menor quantidade de ar e, consequentemente, existe menor quantidade de todos os gases que formam o ar — inclusive de oxigênio.

É por isso que quem vive normalmente em regiões de pouca altitude e resolve escalar uma montanha muito alta tende a sentir falta de ar e queda de rendimento físico ao chegar a certas alturas.

Mas quem mora por pelo menos seis meses em altitudes superiores a 2.500 metros em relação ao nível do mar não reage dessa forma. É o caso, por exemplo, dos moradores da cidade boliviana de La Paz, situada a 4.000 metros acima do nível do mar.

Isso ocorre porque o organismo de quem vive há muito tempo em lugares altos passa a produzir muito mais glóbulos vermelhos. Como resultado, nessas pessoas, cerca de 60% a 65% do volume sanguíneo é constituído por hemácias (em contraposição aos 42% a 47% observados em habitantes de áreas próximas ao nível do mar). Isso garante a essas pessoas cerca de 30% a mais de oxigênio no sangue. Assim, elas superam as dificuldades impostas pela escassez de ar atmosférico nos locais onde vivem.

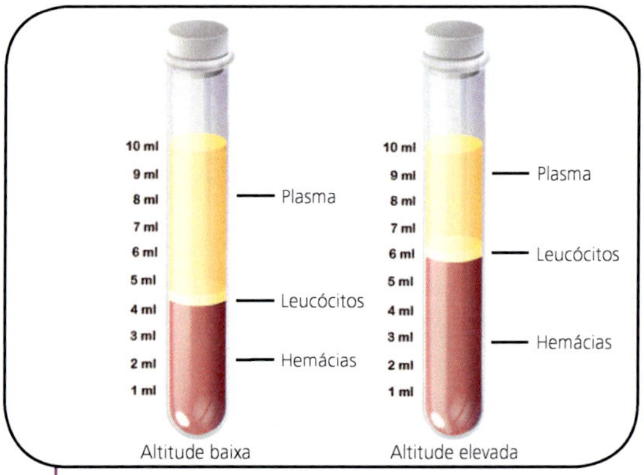


Centrifugado de sangue, ou hematócrito, de pessoas que vivem em diferentes altitudes.

É exatamente por isso que muitos atletas preferem fazer parte de seus treinamentos físicos em locais de altitudes elevadas. Nesses locais, os esportistas têm a oportunidade de aumentar a quantidade de hemácias existentes no sangue.

Ao chegar o dia da competição, geralmente em cidades de média ou baixa altitude, a vantagem desses atletas sobre os demais competidores é nítida: eles se cansam menos e têm muito mais energia do que os outros. Isso ocorre porque o seu "estoque" de oxigênio demora mais para acabar.

Existe até mesmo uma modalidade de *doping* natural baseada nesse fato: para aumentar artificialmente a quantidade de hemácias no sangue, nos dias próximos da competição, certos esportistas tomam transfusões de glóbulos vermelhos retirados da sua própria circulação ao longo de vários meses antes da data da disputa.

Por outro lado, uma modalidade de *doping* artificial baseada nesse fato é feita através de injeções de eritropoietina. Esse é um hormônio produzido nos rins que, como você aprendeu no capítulo anterior, estimula a produção de glóbulos vermelhos. Essa era a forma de *doping* praticada pelo ciclista cujo relato apresentamos anteriormente.

Apesar de mais glóbulos vermelhos no sangue significar mais oxigênio disponível para as células do corpo, o aumento do volume de glóbulos vermelhos no sangue tem um custo. O sangue fica mais viscoso e circula com mais dificuldade pelos vasos sanguíneos.

No caso de um alpinista, o fato de o sangue circular com dificuldade, aliado ao frio intenso das altas altitudes, pode significar diminuição da circulação nos dedos, pés e mãos. Existe um risco de essas partes do corpo congelarem e de ocorrer a necrose, isto é, a morte de tecidos. Todo um membro pode assim ser perdido.

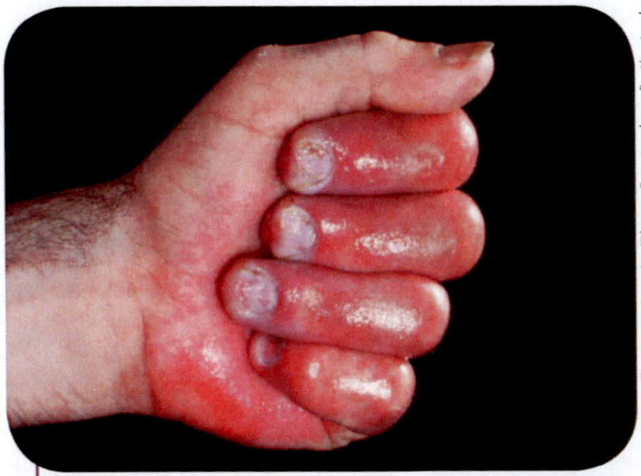

Southern Illinois University/Photo Researchers/Latinstock

Início de necrose dos dedos das mãos de um alpinista.

Já no caso de um atleta, um grande volume de glóbulos vermelhos no sangue representa uma ameaça, principalmente nas situações em que o esportista está em repouso. Infelizmente, o ciclista da nossa história a conheceu. Enquanto dormia, ele faleceu. E isso ocorreu justamente por problemas circulatórios: a grande quantidade de hemácias em seu sangue mal conseguia passar pelos vasos sanguíneos.

Assim, com essa triste revelação, terminamos este capítulo. Aqui você conheceu o fluxo do sangue pelo corpo e aprendeu que problemas de circulação do sangue ocorrem por diferentes causas: estreitamento de vasos sanguíneos ou concentração anormal de hemácias. Além disso, em alguns casos o fluxo de sangue pode ser prejudicado pela formação de grumos de hemácias. Será isso o que veremos no capítulo seguinte.

### SALVO PELA NITROGLICERINA

Essa é uma história comum. É muito provável que ela já tenha acontecido com alguém de sua família. De repente, alguém sofre um ataque cardíaco. O que fazer nesses casos? Certamente, chamar por socorro médico é o mais indicado. Mas é comum que pessoas com histórico de doenças cardíacas andem com pílulas à base de nitroglicerina, indicadas para emergências como essa.

A nitroglicerina é muito conhecida por ser usada para se fazer dinamite, um poderoso explosivo. Mas a que é usada em pílulas é muito diluída. Ela tem o papel de liberar óxido nítrico no corpo. O óxido nítrico promove o relaxamento da musculatura de artérias e veias, provocando a dilatação desses vasos sanguíneos. Assim, com alto teor de óxido nítrico no corpo, o sangue circula mais facilmente e, em uma emergência, o fluxo de sangue deficiente pode ser remediado.

# AS TRANSFUSÕES SANGUÍNEAS

3

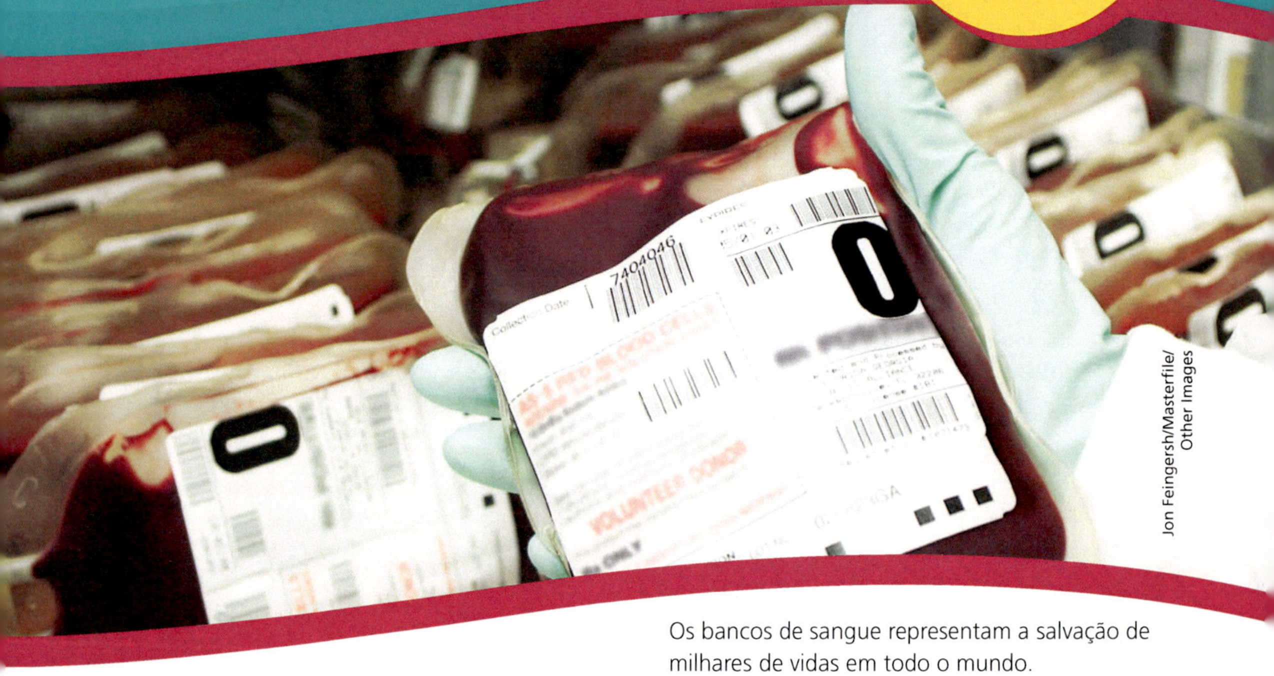

Jon Feingersh/Masterfile/ Other Images

Os bancos de sangue representam a salvação de milhares de vidas em todo o mundo.

**NO CAPÍTULO ANTERIOR, VIMOS QUE O SANGUE ESTÁ CONFINADO A CIRCULAR POR UM SISTEMA DE ARTÉRIAS, VEIAS E CAPILARES. NOS DIAS DE HOJE, PORÉM, PODEMOS DIZER QUE O SANGUE HUMANO NÃO ESTÁ LIMITADO A PERMANECER DENTRO DO CORPO DE UM ÚNICO INDIVÍDUO.**

Ele pode ser encontrado até mesmo em bancos. É isso mesmo: os famosos bancos de sangue! Você já ouviu falar neles?

Os bancos de sangue são locais que estocam o sangue doado, de maneira voluntária, pelas pessoas. Funciona mais ou menos assim:

- O sangue do doador é retirado do corpo dele e colocado diretamente em uma bolsa de sangue.
- A bolsa de sangue segue para um laboratório de processamento, onde os diversos componentes sanguíneos são separados. Pode-se assim obter "extratos" de plasma sanguíneo, de glóbulos vermelhos, de plaquetas etc.
- O sangue doado é examinado. São feitos exames para verificar se o sangue não está contaminado por bactérias, para verificar a existência de doenças transmissíveis pelo sangue, determinar o tipo sanguíneo.
- Após a realização desses exames, o sangue em condições de ser usado é armazenado em geladeiras.
- Quando o banco de sangue recebe uma solicitação de fornecimento, são recolhidas amostras de sangue do futuro receptor. Com elas são feitos testes de compatibilidade com o sangue que será doado.

De maneira geral, os principais problemas de compatibilidade ocorrem devido à existência de diferentes tipos sanguíneos. Será esse o assunto que iremos abordar a partir de agora.

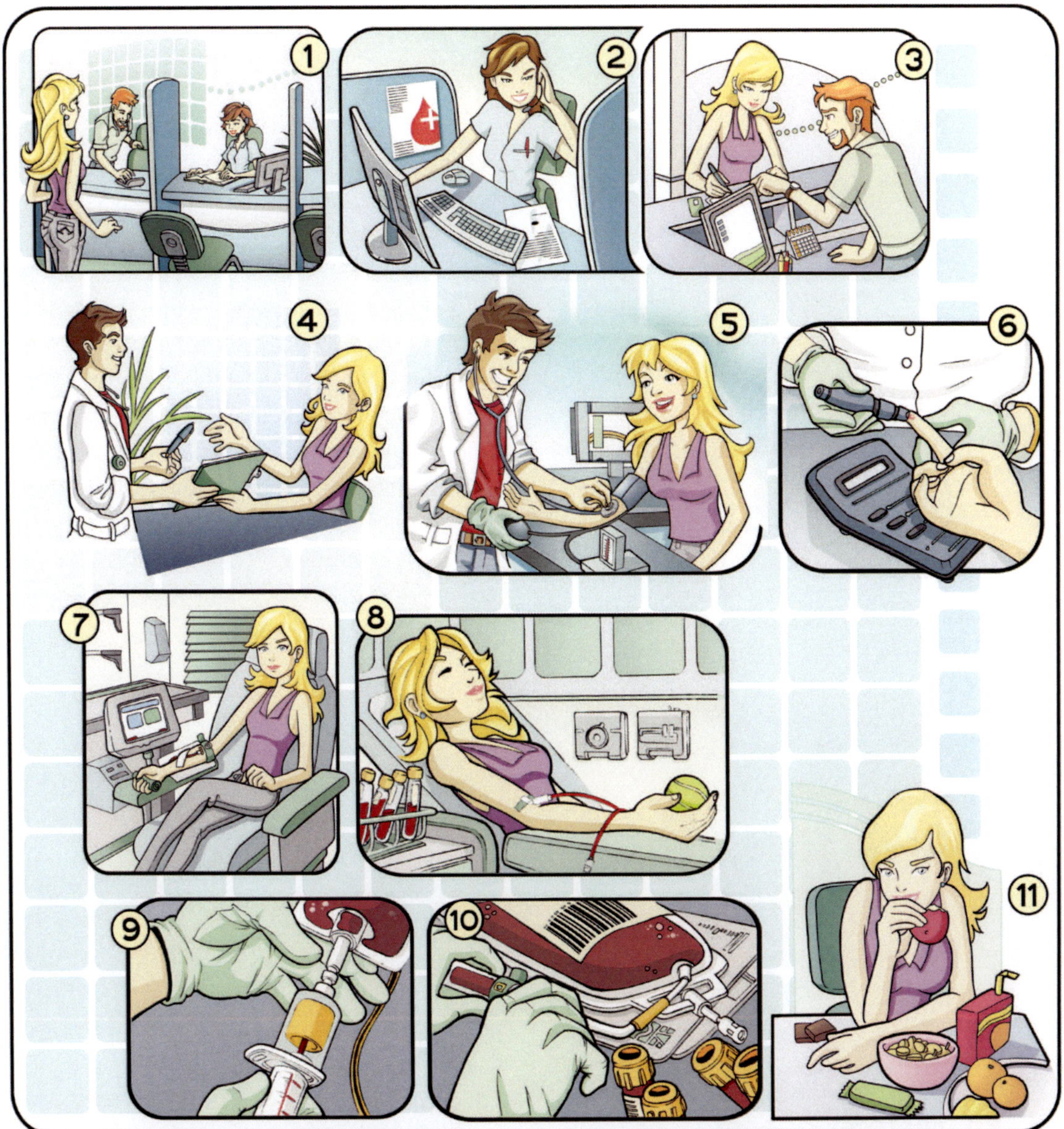

Veja o caminho percorrido pelo sangue antes de ser armazenado no banco de sangue:

1/2. Profissionais (quadros 1 e 2) entram em contato com os doadores para agendar dia e horário para a doação.

3. O doador é recebido por um profissional do Banco de Sangue (quadro 3), apresenta documentos de identificação oficiais com foto (RG, Carteira de Habilitação, Passaporte ou Carteira Profissional).

4. A seguir, o doador é encaminhado para entrevista, na qual responderá a um questionário sobre sua saúde. Além disso, são feitas perguntas para verificar se ele foi ou não exposto a situações de risco para doenças transmissíveis por sangue. Esta fase é crucial para reduzir ao máximo a ocorrência da janela imunológica.

5/6. Nesta fase, são feitos exames para verificar temperatura, pulso, pressão arterial etc.

7/8. Se aprovado, o candidato é encaminhado à Sala de Coleta para realizar a doação de sangue total ou de plaquetas, neste caso por meio da doação automatizada (quadro 8).

9/10. Durante a coleta, serão retiradas amostras de sangue para a realização de testes de doenças transmissíveis por sangue, como Aids, Hepatite B, Hepatite C, Sífilis e Doença de Chagas (quadros 9 e 10).

11. A doação se encerra com uma alimentação balanceada.

## Os tipos sanguíneos

Faz alguns séculos que as transfusões sanguíneas são realizadas entre as pessoas. Assim, o sangue deixou de ser um líquido que circula dentro do corpo de um único indivíduo para tornar-se propriedade "social".

Antigamente, porém, quase sempre as transfusões eram malsucedidas. Muitas pessoas que corriam risco de morte — em decorrência de hemorragias, por exemplo — recebiam sangue de parentes ou amigos, passavam mal e, às vezes, chegavam a morrer por causa do "remédio".

O problema era que, como não se sabia da existência de diferentes tipos sanguíneos, injetava-se em quem precisava o sangue de parentes ou de quem estivesse mais à mão — e este nem sempre era do tipo adequado. O resultado era a formação de bolotas, ou grumos, constituídas por uma infinidade de hemácias aderidas umas às outras. Esse fato, além de reduzir em maior ou menor grau o número de hemácias disponíveis para carregar o oxigênio no sangue, podia, às vezes, entupir vasos sanguíneos importantes e causar a morte.

O que não se entendia bem nessa época era por que em algumas transfusões isso acontecia e, em outras, tudo corria normalmente. Outro grande mistério era que, às vezes, uma pessoa chamada João, por exemplo, doava sangue para uma pessoa chamada José e tudo corria bem. Mas, quando José doava sangue a João, o resultado podia ser um desastre!

Hoje podemos entender tudo isso. Basta explorar as hemácias em detalhes.

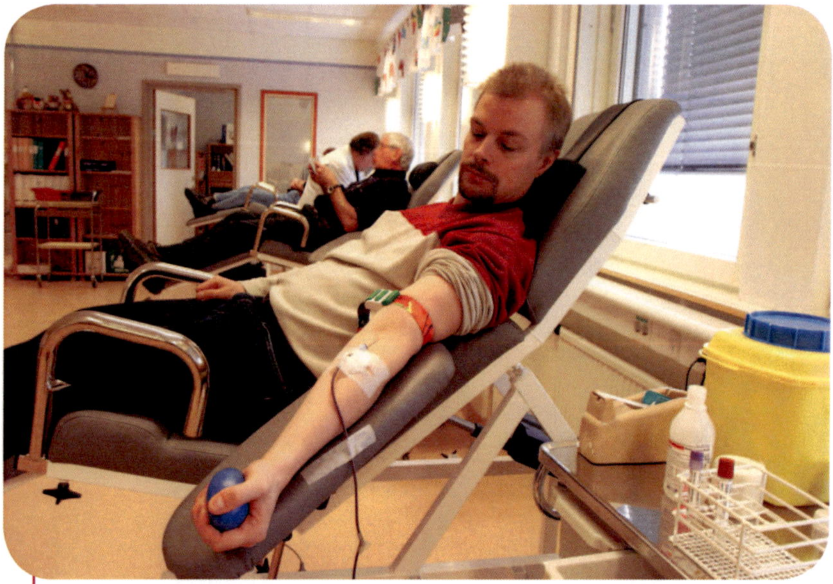

Owe Andersson/Alamy/Other Images

Com as transfusões sanguíneas, o sangue doado não mais se limita ao sistema circulatório de uma única pessoa.

Acontece que as hemácias não são exatamente iguais em todos os seres humanos. Em algumas pessoas, elas apresentam em sua superfície um tipo de proteína que recebe o nome de *proteína A*. Em outros indivíduos, a proteína encontrada na superfície dos eritrócitos é a *proteína B*. Tem gente cujos glóbulos vermelhos possuem tanto a proteína A como a B. Existem ainda pessoas cujas hemácias não têm nem a proteína A nem a proteína B.

A função das proteínas A e B nas hemácias é desconhecida. No entanto, o fato de sabermos que algumas pessoas possuem tais substâncias no sangue, enquanto outras não as possuem, nos permite diferenciar pelo menos quatro tipos sanguíneos na espécie humana: A, B, AB e O.

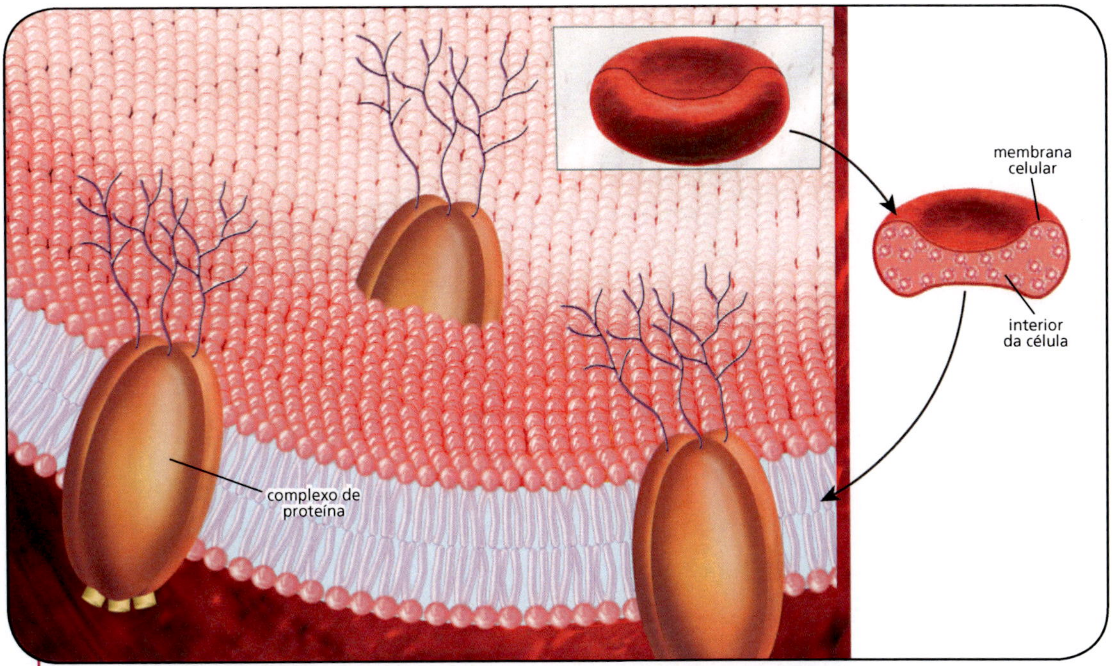


Representação artística da superfície de uma hemácia, onde podem ser encontradas diversas proteínas.

Você sabia?

**A frequência dos tipos sanguíneos e a sobrevivência a doenças**

Você sabia que em regiões da África com altos índices de malária encontramos muitos indivíduos com tipo sanguíneo Duffy negativo? O tipo sanguíneo Duffy não pertence ao sistema ABO. Indivíduos Duffy positivo possuem células sanguíneas que são mais facilmente atacadas pelo micro-organismo causador da malária. Assim, em regiões com alta ocorrência de malária, doença que promove grande mortalidade, quem você imagina que tem mais chance de sobreviver? Só podem ser as pessoas sangue tipo Duffy negativo. Isso ilustra uma relação entre frequência de tipo sanguíneo na população e ocorrência de doença.

Veja outro exemplo: aparentemente os indivíduos do tipo sanguíneo O são mais suscetíveis a contrair peste bubônica. Por outro lado, há evidências que sugerem que pessoas do tipo sanguíneo A são mais suscetíveis a varíola. Isso poderia explicar por que em certos locais do mundo, onde já ocorreram epidemias dessas duas doenças com altos índices de mortalidade, haveria maior frequência de indivíduos tipo B.

Uma pessoa cujas hemácias possuem, por exemplo, somente a proteína A jamais poderá receber sangue de outra cujas hemácias possuam a proteína B. Se isso acontecer, o seu organismo "atacará" as hemácias estranhas e fará com que elas se aglutinem, ou seja, formem grumos que podem entupir até os vasos sanguíneos de menor diâmetro.

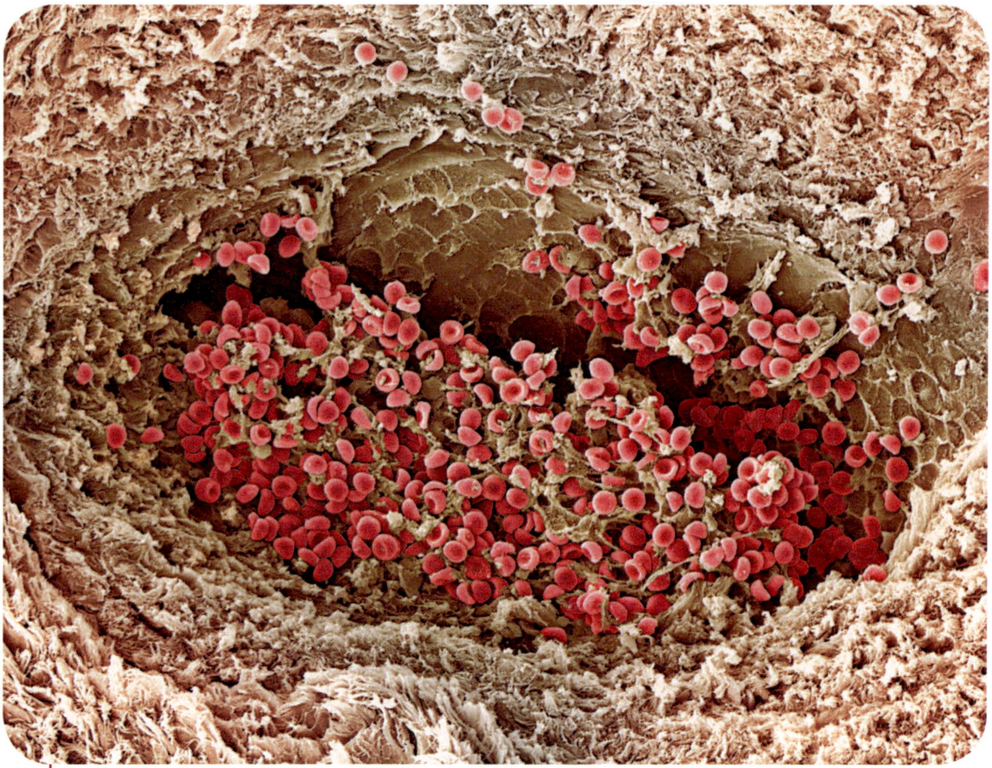


Grumos de hemácias no interior de uma artéria — esses grumos podem causar o entupimento do vaso sanguíneo. Foram usadas cores fantasia.

Assim, quem tem sangue tipo A somente pode receber sangue de outras pessoas que também possuam sangue tipo A, ou então daquelas que não possuam no sangue a proteína B – esse é o caso das pessoas do tipo O. Por sua vez, os indivíduos com sangue tipo B só podem receber, sem perigo, sangue que contenha a proteína B ou sangue tipo O.

Já as pessoas de sangue tipo AB podem receber qualquer tipo de sangue. Isso acontece porque as hemácias de seu organismo possuem as proteínas A e B e, assim, o seu corpo não "estranha" essas substâncias quando elas são recebidas em uma transfusão sanguínea.

Ao contrário desses indivíduos, aqueles com sangue tipo O só podem receber sangue que não contenha nem a proteína A nem a proteína B. Dessa forma, embora possam doar sangue a todos os demais tipos sanguíneos, só podem receber sangue do tipo O.

**POSSÍVEIS TRANSFUSÕES SANGUÍNEAS NO SISTEMA ABO DA ESPÉCIE HUMANA**

| Sangue tipo: | Doa para: | Recebe de: |
|---|---|---|
| A | A e AB | A e O |
| B | B e AB | B e O |
| AB | AB | A, B, AB e O |
| O | A, B, AB e O | O |

Os tipos sanguíneos A, B, AB e O foram descritos em 1900. Eles caracterizam o sistema ABO. Além desse sistema, atualmente são reconhecidos mais de duas dezenas de sistemas sanguíneos, com centenas de tipos de sangue. Geralmente, as descobertas desses tipos sanguíneos estão ligadas a incompatibilidades observadas nas transfusões.

Você poderá entender um pouco mais como um tipo sanguíneo pode ser descoberto ao conhecer a história que apresentaremos a seguir, sobre o fator Rh.

## FAZER OU NÃO FAZER UMA TRANSFUSÃO SANGUÍNEA? EIS A QUESTÃO

Como decidir se alguém precisa receber uma transfusão sanguínea?

Se uma pessoa estiver sangrando a ponto de morrer, parece não haver motivo para a dúvida. Mas a polêmica se estabelece quando consideramos hemorragias menos severas, como as que ocorrem em certas intervenções cirúrgicas.

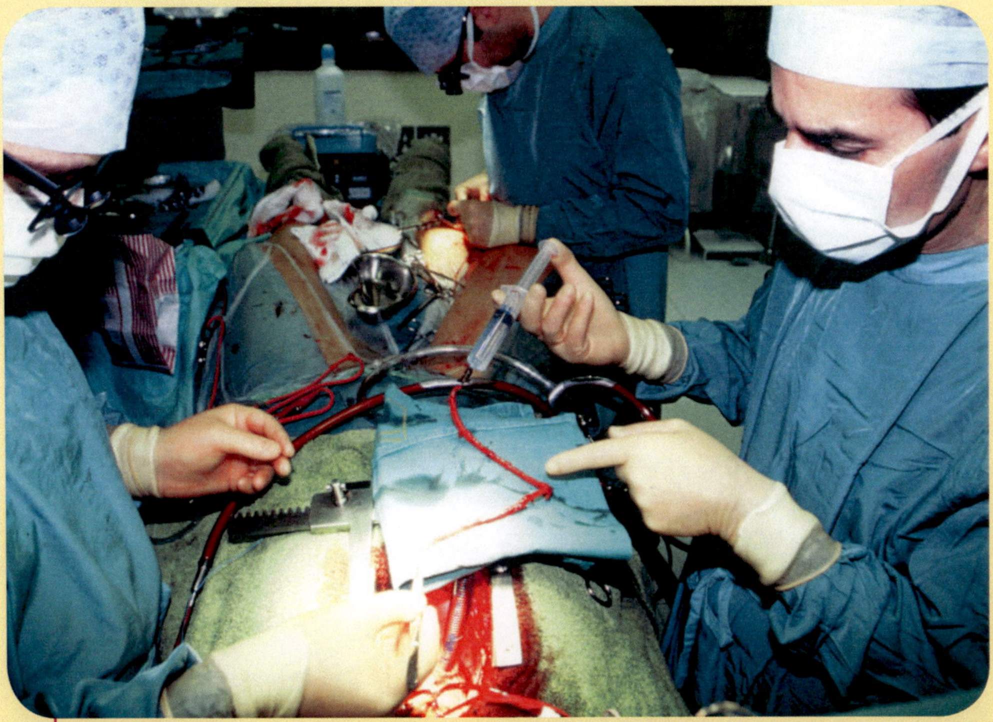

ANTONIA REEVE/SPL/LatinStock

Algumas intervenções cirúrgicas promovem a perda de grande quantidade de sangue, que precisa de alguma maneira ser reposta.

Apesar de os critérios variarem ligeiramente de acordo com cada hospital, o mais comum é indicar a realização de transfusões quando o hematócrito de uma pessoa está abaixo de um valor entre 21% e 30%.

Entretanto, observou-se em diferentes estudos que a mortalidade de pacientes cardíacos, que receberam transfusão sanguínea, é pelo menos três vezes maior do que a observada entre pacientes em condições similares que não receberam transfusão.

De maneira geral, as transfusões podem ser associadas a uma maior incidência de infecções, derrames, ataques cardíacos e problemas renais. Existem várias ideias sobre os mecanismos que promovem esses efeitos colaterais das transfusões.

Uma dessas ideias é que a qualidade do sangue doado é baixa. Isso ocorre porque, horas após a coleta, as hemácias do sangue doado ficam mais endurecidas. Assim, elas são menos capazes de se estreitarem ao passar pelos capilares, podendo entupi-los. Além disso, horas após a coleta, os níveis de óxido nítrico, substância que serve como um sinal para os vasos sanguíneos dilatarem, cai bastante no sangue doado.

Outra ideia é que quem recebe o sangue tem uma reação imunológica ao sangue recebido. Essa reação pode ser suave, mas também pode ser letal. Aparentemente, pessoas que já receberam múltiplas transfusões (e estiveram expostas a uma maior variedade de amostras de sangue) apresentam respostas mais severas. A estimativa é que uma reação imunológica severa ocorra em 1 a cada 5 mil transfusões.

Por isso, a recomendação mais geral para médicos é que se seja comedido ao se indicar a realização de uma transfusão sanguínea.

## O fator Rh

Além das proteínas A e B, encontramos nas hemácias outra proteína, também de função desconhecida: a proteína Rh.

Essa substância foi descoberta por acaso, quando um pouco de sangue humano se misturou com algumas gotas de sangue de coelhos. O resultado dessa mistura foi a imediata aglutinação do sangue humano.

Mas o curioso nessa história é que esses coelhos não eram coelhos comuns: neles, havia sido injetado sangue de macacos do gênero *Rhesus*.

A essa altura, já se sabia que, ao receber o sangue do macaco, os coelhos produziam naturalmente substâncias chamadas anticorpos (eles serão estudados no capítulo 4). Mas o que interessa saber aqui é que esses anticorpos produzidos pelos coelhos faziam o sangue dos macacos aglutinar-se. Além disso, esses anticorpos eram específicos, ou seja, os anticorpos formados só reagiam com o sangue de macaco, com nenhuma outra substância.

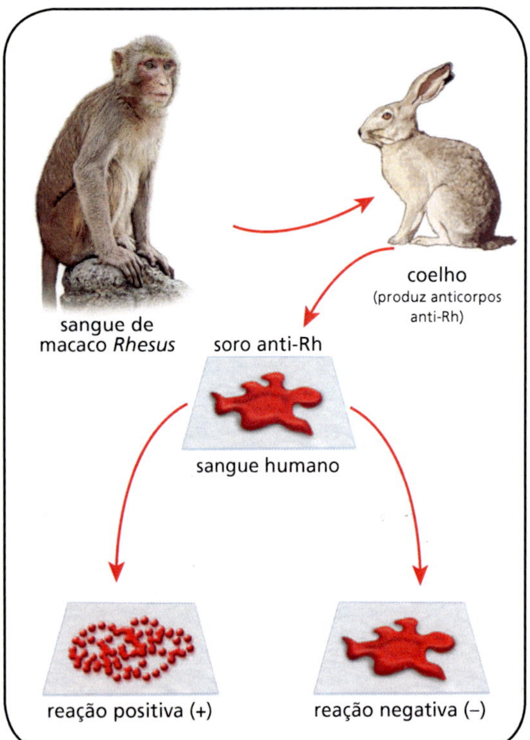


Os coelhos que recebem sangue de macacos *Rhesus* produzem anticorpos.

Ao se constatar que tais anticorpos também atacavam o sangue humano, concluiu-se que o sangue humano e o sangue dos macacos *Rhesus* tinham algo em comum. Esse algo em comum, descobriu-se depois, eram proteínas presentes nas hemácias desses seres vivos. Essas proteínas foram chamadas de fator Rh, as letras iniciais de *Rhesus*.

**Etapas para se testar sangue para a presença do fator RH ou de proteínas A ou B.**

1. Adicionar a amostra de sangue na placa-teste:

2. Adicionar o reagente anticorpo anti-A, B ou Rh:

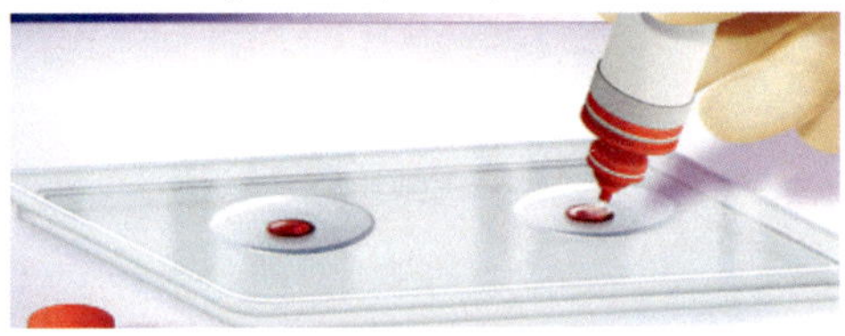

3. Adicionar o controle negativo:

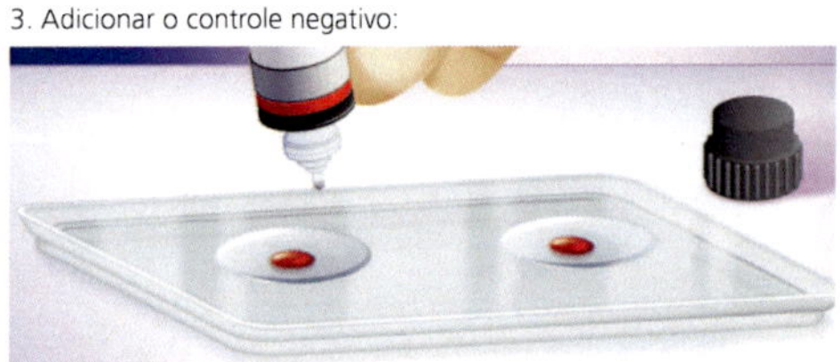

4. Misturar:

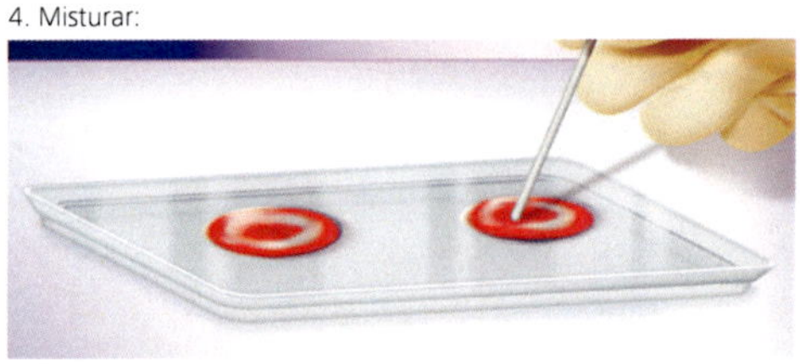

5. Movimentar levemente a placa-teste por dois minutos:

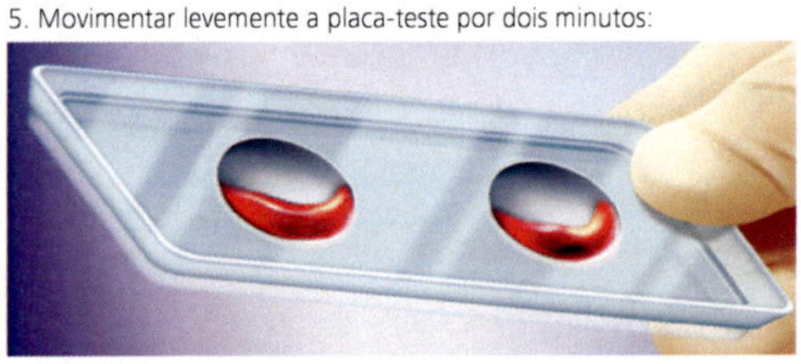

6. Fazer a leitura do resultado:

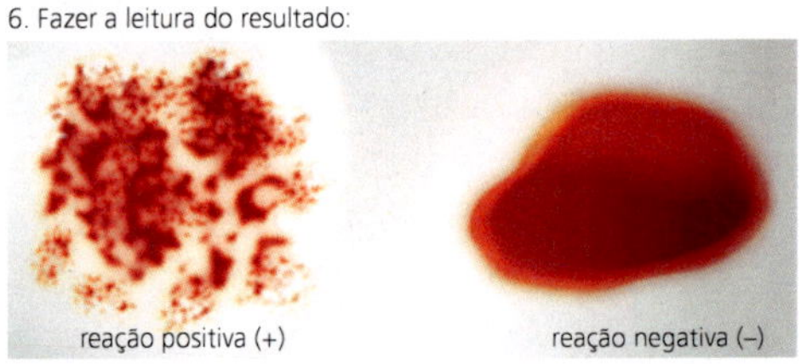


Um resultado positivo é indicado por uma aglutinação visível (aglomeração dos eritrócitos na placa-teste), como ilustrado acima.

Com o passar do tempo, percebeu-se que aproximadamente 85% das pessoas possuíam nas hemácias a proteína Rh. Mas, de maneira geral, ela estava ausente do sangue de cerca de 15% da população. Dessa forma, convencionou-se chamar de Rh positivos os indivíduos que possuíam o fator Rh e de Rh negativos aqueles que não o apresentavam.

As pessoas Rh negativas podem doar sangue para as pessoas Rh positivas. No entanto, caso uma pessoa Rh negativa receba sangue de uma pessoa Rh positiva, poderá se iniciar uma reação a esse sangue estranho.

## Eritroblastose fetal

Considere a seguinte situação: a mãe é Rh negativa e o seu filho que acaba de nascer é Rh positivo. Durante o parto, como de costume, ocorre muito sangramento. Devido a isso, a mãe entra em contato com o sangue do filho e o filho entra em contato com o sangue da mãe. Nesse caso, haverá alguma incompatibilidade entre os sangues da mãe e do filho que possa prejudicar a eles?

Para começar a responder a essa pergunta, podemos pensar o seguinte: em geral, embora oxigênio, nutrientes e anticorpos passem do sangue materno para o feto, como também passam para a mãe resíduos do metabolismo das células do filho, as hemácias de um e de outro são barradas pela placenta. Ou seja, via de regra, as hemácias do bebê e da mãe não se misturam.

Mas na hora do parto, quando a placenta se desprende do útero, um pouco do sangue do bebê penetra na corrente sanguínea da mãe. Esse pouco de sangue que contém hemácias Rh positivas pode estimular o organismo materno a fabricar anticorpos anti-Rh.

Na primeira gravidez, não são esperados grandes problemas. Mas, na segunda gravidez, o organismo materno já deve ter fabricado uma grande quantidade de anticorpos anti-Rh e esses anticorpos podem atravessar a placenta e chegar ao sangue do novo feto. Aí, passam a destruir (hemolisar) as hemácias fetais. Isso caracteriza uma doença chamada eritroblastose fetal ou doença hemolítica do recém-nascido.

É por isso que a gravidez da mulher que apresenta sangue Rh negativo deve ser acompanhada atentamente por um médico. Um exame simples pode determinar se ela já tem ou não anticorpos anti-Rh.

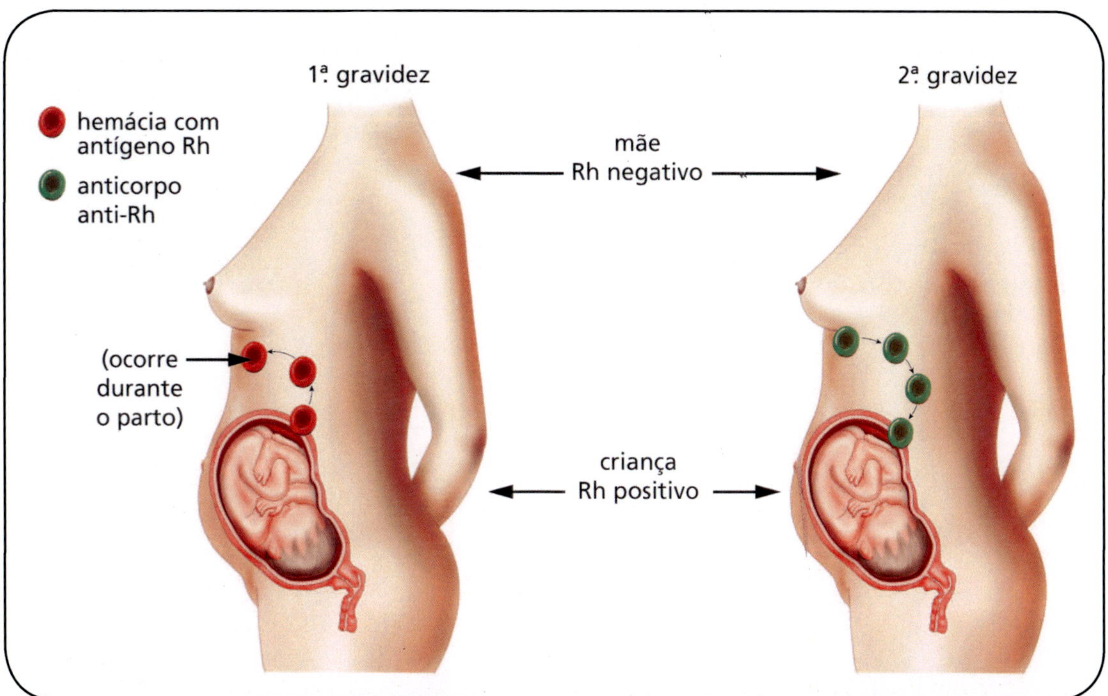


Durante a gravidez, hemácias do bebê e da mãe são barradas na placenta e não se misturam. No entanto, diversas substâncias contidas no sangue de cada um podem atravessar a placenta.

Já vimos que, se for a primeira gravidez, dificilmente terá anticorpos anti-Rh. Nesse caso, os riscos para o bebê são mínimos. Basta, então, aplicar na mãe, imediatamente após o parto, uma dose de anticorpos anti-Rh. Esses anticorpos destroem as hemácias Rh positivas fetais que por acaso tenham penetrado no sangue materno durante o parto, antes que elas tenham tempo de sensibilizar o sistema imunológico da mãe.

Mas, se a mulher grávida já tem um número grande de anticorpos anti-Rh no sangue, existem meios de examinar o sangue do bebê quando ele ainda está no útero. Na hipótese de a destruição de suas hemácias pelos anticorpos da mãe chegar a níveis que ameacem sua saúde ou sua vida, é preciso tomar providências drásticas e imediatas. Deve se retirar parte do sangue da criança, repleto de hemácias destruídas e anticorpos anti-Rh, e substituí-lo pela mesma quantidade de sangue normal.

Esse mesmo procedimento de troca de sangue deve ser realizado com a máxima urgência em bebês recém-nascidos que não receberam assistência durante a GRAVIDEZ. O esperado é que, depois de cerca de seis semanas de tratamento, não haja mais anticorpos anti-Rh na criança, e, como a medula vermelha de seus ossos já fabrica sangue, a situação se normaliza.

Chegamos assim ao final desse capítulo. Aqui vimos que quem tem sangue tipo O e Rh negativo pode doar sangue a qualquer outra pessoa, independentemente de qual seja o tipo sanguíneo no sistema ABO ou o Rh do receptor. A essas pessoas dá-se o nome de *doadores universais*. Por outro lado, quem tem sangue tipo AB e Rh positivo é denominado *receptor universal*. Nesses casos, nenhuma das proteínas mencionadas até agora, existentes em qualquer outro tipo de sangue, é estranha a seu organismo.

De certa maneira, isso resume o que estudamos até aqui.

Mas uma reflexão ainda pode ser feita: considerando a importância das transfusões sanguíneas, pode parecer um grande inconveniente o fato de o corpo reagir a agentes estranhos a ele (como as proteínas A, B ou Rh do sangue).

Acontece, no entanto, que reagir a elementos estranhos ao corpo é um processo fundamental para o nosso bem-estar. É assim que o organismo reage diante de infecções causadas por agentes estranhos. É assim que doenças são combatidas. Esse será um dos assuntos que exploraremos no capítulo seguinte. Um assunto que, conforme você descobrirá, também tem muito a ver com o seu sangue.

GRAVIDEZ

**As doenças que o sangue do cordão pode curar — Revista Crescer**

Disponível em: <http://revistacrescer.globo.com/Revista/Crescer/0,,EMI1672-10558,00.html>.
Acesso em: 23/09/09.

# SANGUE, FERIMENTOS E IMUNIDADE

# 4

AGSTOCKUSA/GRUPO KEYSTONE

Com a picada do mosquito *Aedes aegypti* se inicia uma reação inflamatória. Os primeiros sinais visíveis são a vermelhidão e o inchaço na área da picada.

**VOCÊ JÁ VIU UM MOSQUITO PARECIDO COM ESSE AÍ DA FOTO? ESSE É UM INSETO MUITO CONHECIDO. ELE APARECE COM FREQUÊNCIA EM JORNAIS, REVISTAS, TELEVISÃO E INTERNET. SÓ QUE POR UM MOTIVO NADA BOM: ELE É O MOSQUITO TRANSMISSOR DA DENGUE.**

Photodisc/GettyImages

Água parada em pneus velhos é fonte típica de criadouros do mosquito da dengue.

A dengue é uma doença causada por um vírus que entra em nosso corpo através da picada do *Aedes aegypti*. Quem tem a dengue clássica sente febre, dores de cabeça e nas articulações por vários dias.

Por meio de campanhas de prevenção, a população é alertada sobre a importância de se eliminarem focos onde os filhotes do mosquito se desenvolvem: locais com água limpa e parada, como reservatórios de água abertos, vasos de plantas etc.

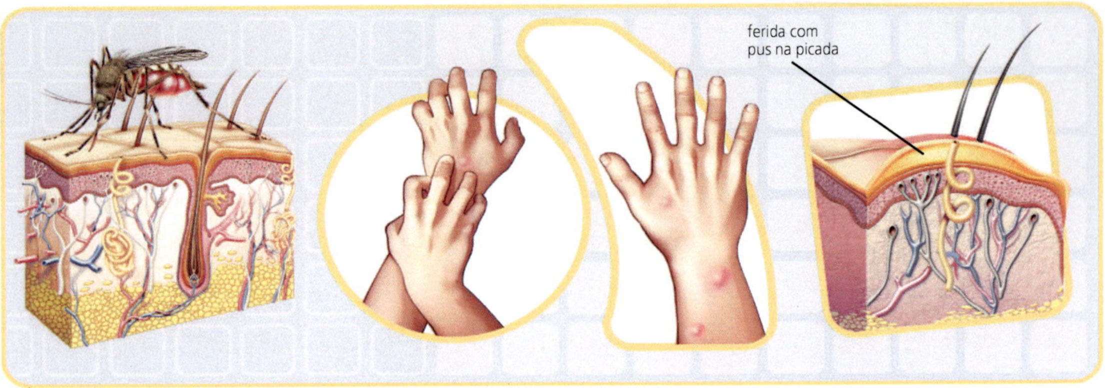


Visão esquemática do processo inflamatório após a picada de um mosquito: inicialmente coceira, seguida de vermelhidão e inchaço. Ao final, forma-se uma ferida com pus no local da picada.

É possível que você já tenha ouvido falar de tudo isso. Mas o que vamos estudar a partir de agora é um assunto bem menos comentado: afinal, o que acontece com nosso o corpo quando o mosquito nos pica?

Para início de conversa, comece a se lembrar de quando um mosquito o picou pela última vez. Você deve ter sentido coceira. A pele deve ter ficado avermelhada e inchada. O local da picada pode ter ficado quente. Pode ser que um pouco de sangue tenha aparecido. Logo esse sangue parou de escorrer e uma pequena casquinha, com um pouco de pus, deve ter se formado.

Serão alguns desses processos que você estudará neste capítulo. Todos eles têm relação com a defesa e a recuperação do próprio corpo e, por incrível que pareça, todos eles também têm algo a ver com o nosso sangue.

## As plaquetas e a perda de sangue

Suponhamos que você tenha sofrido um pequeno corte. Ou então que um mosquito tenha picado alguma parte do seu corpo. O sangue começa a jorrar. O que fazer?

Se nada for feito, o sangue continuará fluindo. E isso poderia ser muito grave para a saúde. Mas, em ferimentos não muito grandes, o único cuidado a se tomar é manter o local machucado bem limpo. Nessas situações, depois de algum tempo, o sangue para de sair do corpo naturalmente. E isso ocorre devido à ação de constituintes do próprio sangue.

São as plaquetas sanguíneas que protegem o organismo contra uma perda excessiva de sangue. Elas se formam na medula óssea vermelha; são minúsculas, têm forma elipsoide e vários grânulos internos. Em cada gota de sangue, há cerca de 150 mil a 300 mil plaquetas.

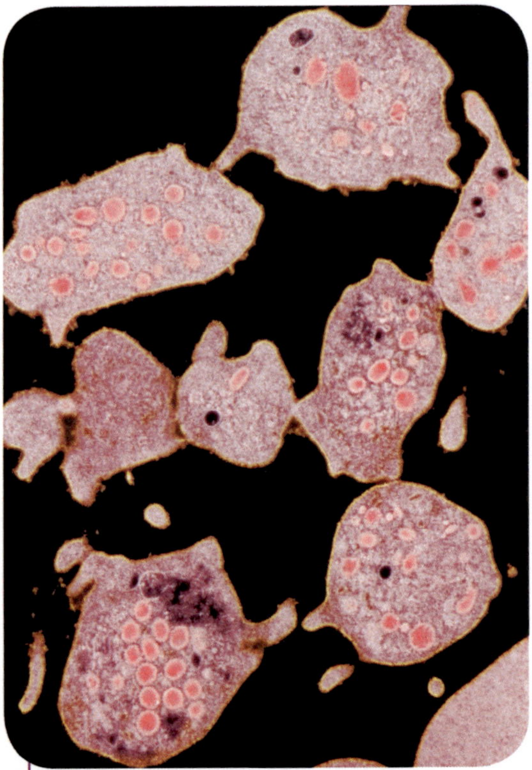

DR GOPAL MURTI/SPL/Latinstock

Micrografia eletrônica de plaquetas no sangue, mostrando a sua estrutura em cores fantasia. As plaquetas são fragmentos celulares que não têm núcleo, mas possuem grânulos (círculos rosa), os quais possuem em seu interior substâncias utilizadas para a formação do coágulo de sangue.

Quando nos ferimos, as plaquetas se fixam nas áreas em que os vasos sanguíneos foram cortados e aí liberam a serotonina contida em seus grânulos citoplasmáticos. A serotonina promove a retração dos vasos sanguíneos (vasoconstrição) e, assim, a perda de sangue diminui.

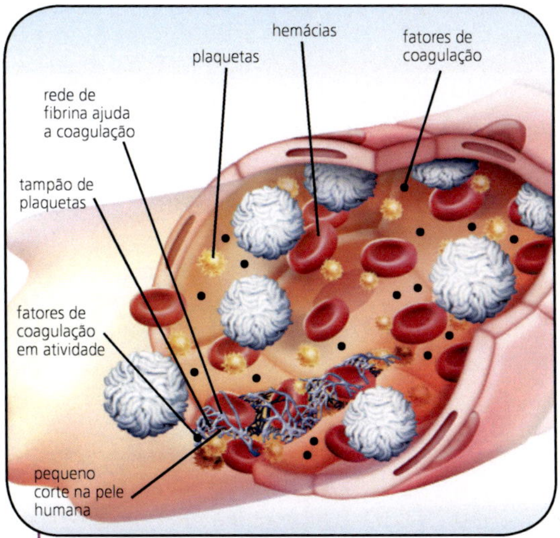


Ilustração mostrando plaquetas sanguíneas atuando no início do processo de coagulação.

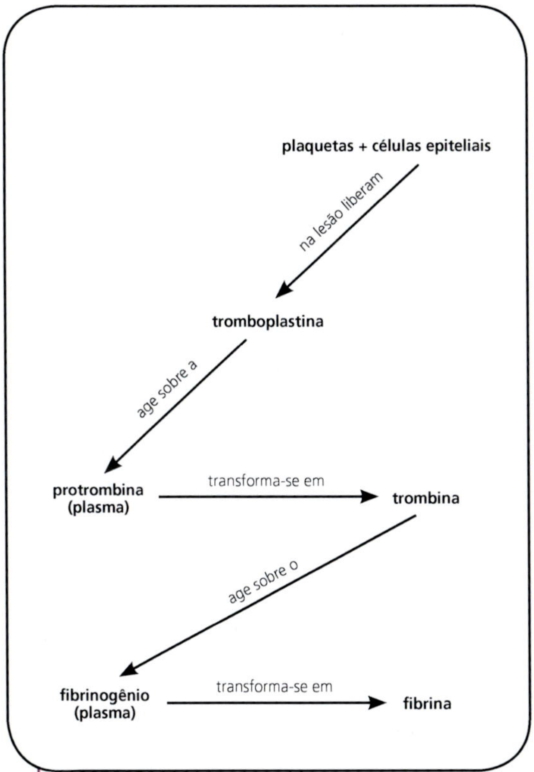


Esquema de atuação das plaquetas.

Em seguida, as plaquetas se amontoam e grudam no local lesado, formando uma espécie de tampão que impede a saída do sangue. Ao mesmo tempo, liberam substâncias conhecidas como ativadores da protrombina.

A protrombina é uma proteína existente no plasma sanguíneo. Quando ativada, ela se transforma em trombina. Esta última reage com o fibrinogênio, outra proteína também existente no plasma sanguíneo. Depois dessa reação, o fibrinogênio se transforma em fibrina, que forma uma rede insolúvel sobre o tampão constituído pelas plaquetas e dá origem ao coágulo.

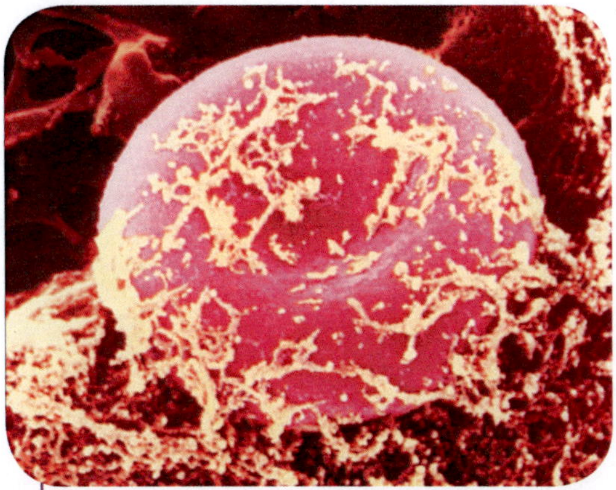

A.B. DOWSETT/SPL/Latinstock

Hemácias retidas numa rede de fibrina.

Cerca de 30 a 60 minutos após a formação do coágulo, parte do líquido nele contida é eliminada. O machucado fica, assim, mais seco e forma-se a "casca" da ferida. O líquido que sai do coágulo é o soro. A composição do soro é equivalente à do plasma sanguíneo, exceto pelo fato de não possuir mais fibrinogênio e os demais fatores coagulantes. Portanto, não pode coagular.

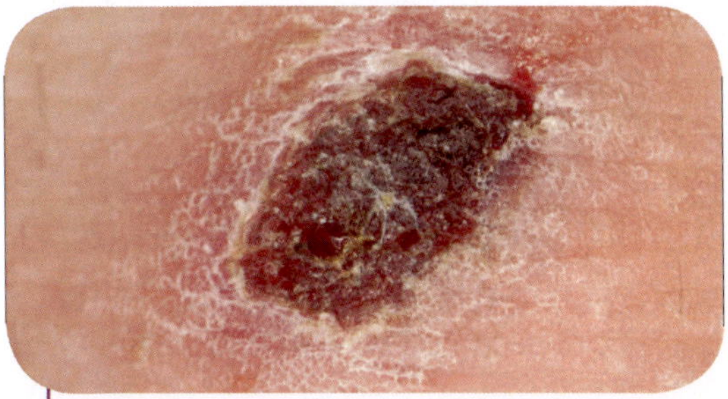

EDWARD KINSMAN/SPL/Latinstock

Após algum tempo, forma-se uma "casca" na área do coágulo.

Esse processo de coagulação é eficiente porque evita a perda de sangue em ferimentos pequenos. Mas não é suficiente para reter a perda de sangue em ferimentos maiores, que provocam uma grande hemorragia. Nesse caso, o corpo produz respostas complementares para remediar a situação!

Só para você ter uma ideia, veja o que ocorre nos casos de grandes hemorragias:

- O fluxo sanguíneo é reduzido em locais onde é menos necessário, como a pele. Isso explica por que uma pessoa com hemorragia fica pálida e fria ao toque.
- Fluidos podem sair dos tecidos e ir para o sangue, assim, o volume sanguíneo aumenta.
- Esse aumento emergencial do volume de sangue promove uma anemia temporária — há menos células vermelhas por volume de sangue. Em resposta a essa condição, a medula óssea é estimulada a produzir mais hemácias.

Tudo isso serve para ilustrar como o nosso corpo pode se autorreparar em uma situação que demanda um "conserto". Esse será o assunto que iremos estudar nas páginas seguintes. Exploraremos em mais detalhes outros mecanismos de cura do corpo pelo próprio corpo.

### Você sabia?

**Quando a coagulação é indesejada**

Você já ouviu falar em operação de ponte de safena?

Trata-se de uma cirurgia que visa recuperar o fluxo sanguíneo no coração. A estratégia é retirar os vasos sanguíneos do coração que estejam danificados e substituí-los por vasos sanguíneos bons, extraídos de uma determinada região das pernas. Em termos técnicos, para se fazer a operação de ponte de safena, o fluxo sanguíneo precisa ser temporariamente desviado do corpo. É quando o sangue do paciente passa por uma máquina que lhe fornece oxigênio e o bombeia para os órgãos.

Essa é uma etapa crítica de todo o procedimento!

O contato do sangue do paciente com as superfícies da máquina pode fazer com que as plaquetas se aglomerem. Esses "aglomerados" podem ser encaminhados para o corpo do paciente e podem ficar presos nos vasos sanguíneos, entupindo-os. Imagine o tamanho do problema se isso ocorrer em órgãos como pulmões, rins e cérebro.

Sem dúvida, essa seria uma "coagulação" indesejada. É por isso que, como medida preventiva, administra-se algum tipo de anticoagulante aos pacientes que fazem ponte de safena.

**Quando a coagulação é falha**

Na hemofilia, uma doença de origem genética, faltam alguns dos fatores essenciais à coagulação. Devido a isso, as pessoas hemofílicas têm grande chance de sofrerem hemorragias prolongadas. Essas hemorragias podem se manifestar logo ao nascimento, já na queda do cordão umbilical, ou anos mais tarde, quando a criança tem algum ferimento mesmo que pequeno.

A doença afeta principalmente os indivíduos do sexo masculino e exige uma série de cuidados para se evitar acidentes que causem cortes ou machucados. Se, mesmo assim, a pessoa acaba se ferindo, pode ter de receber transfusões de plasma de pessoas que não sejam hemofílicas, contendo os elementos necessários à coagulação.

## Inflamação e glóbulos brancos

Já vimos que o local do nosso corpo onde um mosquito nos picou pode ficar avermelhado, quente e inchado. O que faltou dizer é que tudo isso não é uma doença ou um problema de saúde. Tudo isso, na verdade, é um conjunto de manifestações de processos de autorrecuperação do organismo.

No local machucado pela picada do mosquito, ocorre a liberação de uma substância chamada histamina. A histamina promove a expansão dos vasos sanguíneos e, assim, mais sangue atinge a área afetada. Isso explica a vermelhidão e a sensação de calor na região.

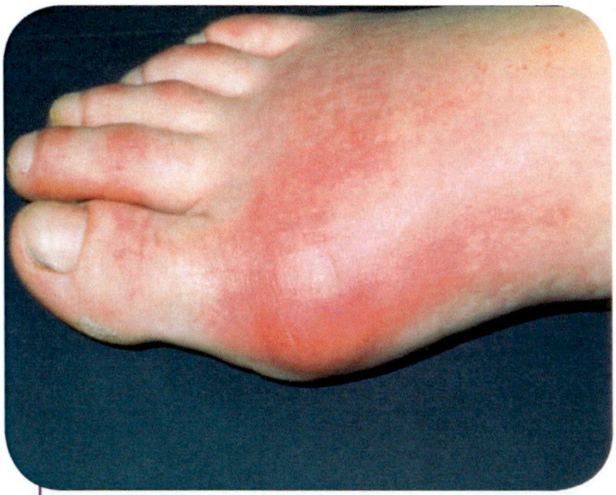

DR P. MARAZZI/SPL/Latinstock

Vermelhidão e inchaço: sinais claros de uma inflamação.

Além disso, a histamina também atua na permeabilidade dos vasos sanguíneos. Em consequência, parte do plasma sai do sangue e se encaminha para os arredores, o que explica o inchaço da região machucada.

E mais: a histamina também está associada à sensação de coceira. E a coceira pode ser vista como um mecanismo complementar, que estimula a circulação do sangue no local.

Ou seja, quando algo estranho — como o aparelho bucal e a saliva de um inseto — atinge o nosso corpo, ocorre uma série de reações desencadeadas pela histamina. Essas reações caracterizam uma resposta inflamatória. Quanto mais histamina, maior a resposta inflamatória.

### AS REAÇÕES ALÉRGICAS

Algumas pessoas liberam bastante histamina mesmo para estímulos que poderiam ser considerados corriqueiros. Nesses casos, as inflamações caracterizam reações alérgicas.

Em tais situações, podem ser indicados tratamentos com anti-histamínicos. Muito comumente, uma forma de diminuir a resposta inflamatória é pelo uso de cortisona.

E a inflamação, antes de ser um problema, pode ser vista como uma preparação do cenário onde começará o espetáculo da defesa contra os agentes estranhos ao corpo. Alguns astros desse espetáculo são os glóbulos brancos. Eles serão apresentados a você a partir de agora.

Em uma gota de sangue, ao lado de milhões de hemácias e de centenas de milhares de plaquetas, encontramos *somente* cerca de 7 mil glóbulos brancos, também chamados de leucócitos.

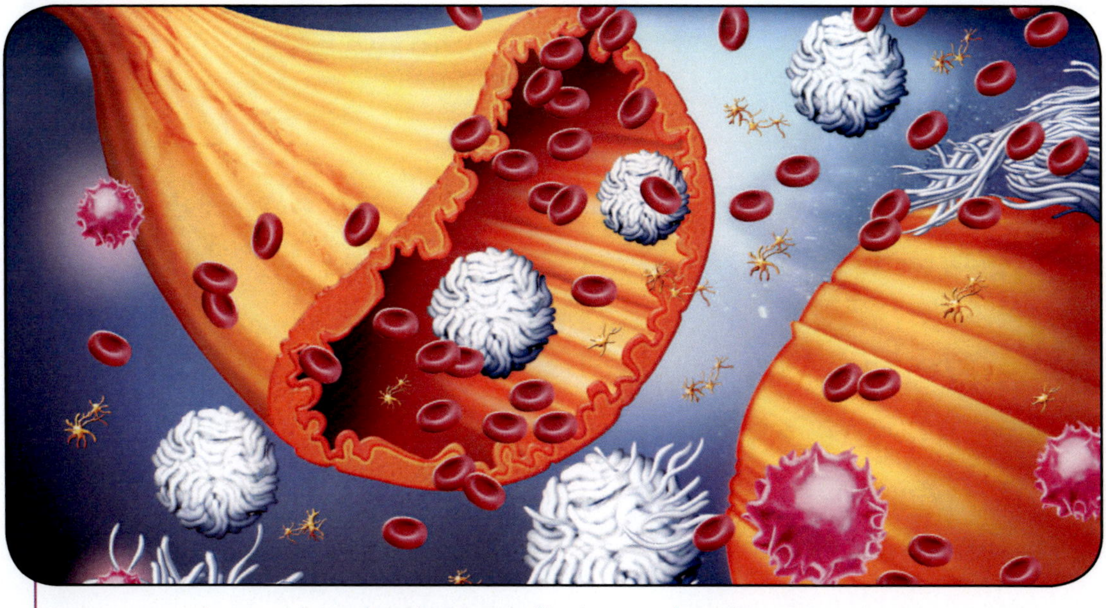

Representação de uma veia seccionada. Foram utilizadas cores fantasia.

Esses glóbulos brancos não têm todos a mesma aparência. Há glóbulos brancos que, vistos ao microscópio, possuem grânulos dentro do citoplasma — são os chamados leucócitos granulócitos. Existem três tipos distintos de leucócitos granulócitos: neutrófilos, eosinófilos e basófilos.

Existem também glóbulos brancos que não possuem grânulos internos — são os leucócitos agranulócitos. Há dois tipos de leucócitos agranulócitos: monócitos e linfócitos.

**TIPOS DE GLÓBULOS BRANCOS (% EM QUE SÃO ENCONTRADOS NO PLASMA HUMANO)**

| | | | |
|---|---|---|---|
| | Neutrófilos 62% | Eosinófilos 2,3% | Basófilos 0,4% |
| **Leucócitos granulócitos** |  |  |  |
| **Leucócitos agranulócitos** | Monócitos 5,3%  | Linfócitos 30%  | |

Os linfócitos são formados em diversos órgãos do corpo: na medula óssea vermelha, no baço e no timo (uma glândula situada no meio do tórax, entre os pulmões, que involui gradualmente do nascimento até a idade adulta). Os outros leucócitos são fabricados somente na medula óssea vermelha, assim como as hemácias.

Uma parte dos glóbulos brancos, principalmente os neutrófilos e os linfócitos, sai da medula e passa para a corrente sanguínea, onde pode ser detectada por um exame de sangue chamado hemograma.

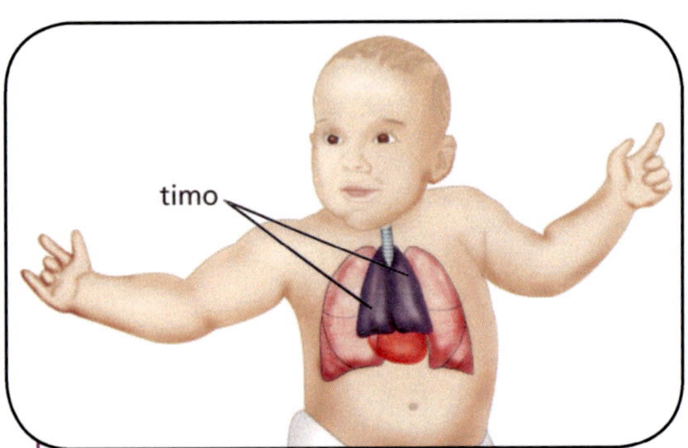


O timo, existente nos recém-nascidos, involui (desaparece) durante o desenvolvimento.

Independentemente de seu local de origem e de seu aspecto, todos os glóbulos brancos estão relacionados a uma única função: a defesa do organismo contra agentes estranhos. Nessa função de defesa, cada um dos diferentes tipos de leucócitos age de uma maneira específica, conforme veremos a seguir.

## Como um campo de batalha

### Os neutrófilos

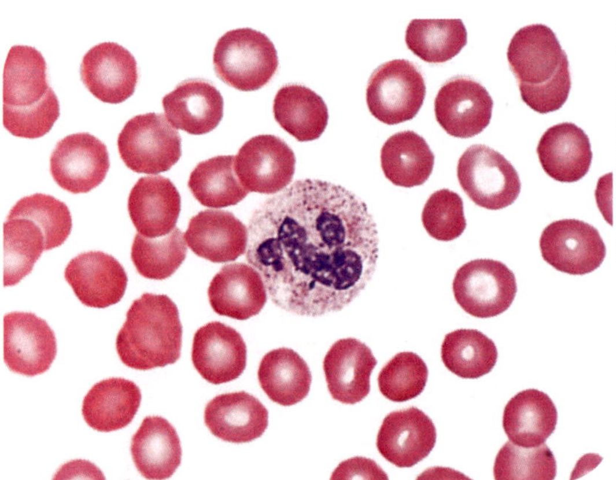

MICHAEL ROSS/SPL/Latinstock

Neutrófilo entre hemácias.

Os neutrófilos compõem a linha de frente do ataque do organismo aos agentes invasores — eles são os primeiros a chegar ao local de um corte ou machucado, de uma inflamação ou de uma infecção.

E como é que os neutrófilos sabem que determinada área do corpo está com problemas e precisa de socorro?

Eles são atraídos para essa região do corpo por substâncias químicas liberadas na área ferida ou atacada por agentes invasores — em geral, micróbios como as bactérias. Essas substâncias são os chamados quimiotáxicos, e a atração química que elas exercem sobre os neutrófilos é a quimiotaxia.

Os quimiotáxicos também aumentam a permeabilidade dos capilares e das vênulas existentes nas áreas em perigo. Isso possibilita aos neutrófilos atravessar as paredes dos condutos sanguíneos onde estavam e atingir as células da região atacada.

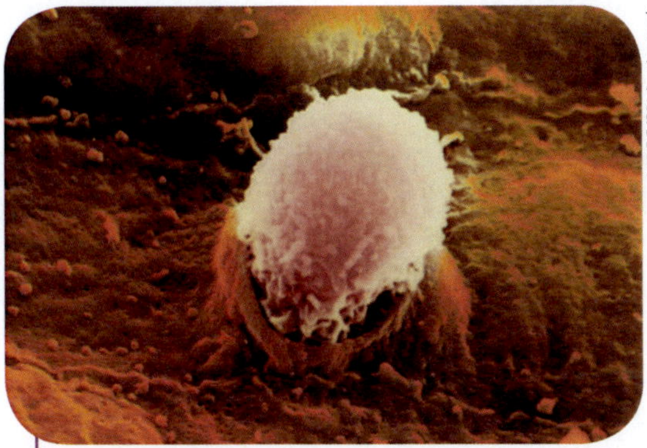
NIBSC/SPL/Latinstock

Diapedese: a saída de alguns leucócitos do sangue.

Aí, passam a "engolir" vorazmente as partículas estranhas, no processo denominado *fagocitose*. Nesse processo, o neutrófilo primeiro envolve com sua membrana celular a partícula estranha, seja ela uma bactéria, vírus ou outra coisa qualquer.

A seguir, a membrana forma uma espécie de bolsa que engloba completamente o material, já dentro do citoplasma do neutrófilo. Dentro dessa bolsa, são eliminadas substâncias digestivas que destroem as partículas estranhas e completam a ação dos neutrófilos.

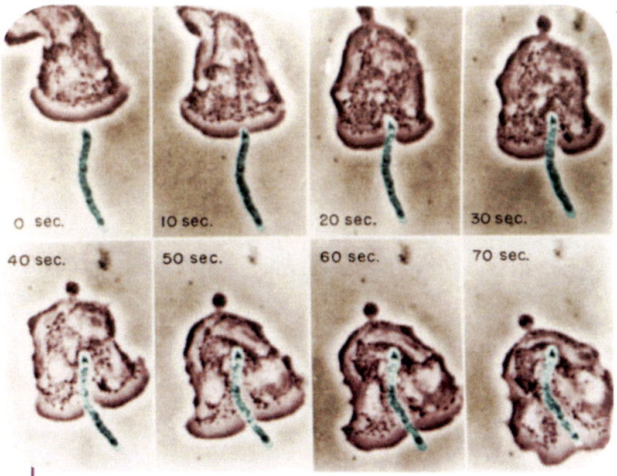

OMIKRON/SPL/Latinstock

Partículas sólidas podem ser fagocitadas pelas células. Aqui vemos a bactéria *Bacillus megaterium* sendo engolida por um glóbulo branco.

## Os monócitos

Caso o problema que atraiu os neutrófilos seja de curta duração — um ataque isolado de bactérias à garganta, por exemplo —, muitas vezes, ele pode ser resolvido apenas pela ação dos próprios neutrófilos. Porém, se a inflamação ou infecção se estender por mais tempo, os neutrófilos precisarão receber ajuda dos monócitos.

Vistos ao microscópio, os monócitos são glóbulos brancos de tamanho médio, com duas a três "manchas" em seus núcleos — os nucléolos. Logo depois que se formam na medula óssea vermelha, penetram na corrente sanguínea e, por ela, atingem todas as regiões do corpo: músculos, fígado, cérebro, pulmões, gânglios linfáticos etc.

Nesses locais, com cerca de 24 horas de vida, os monócitos crescem e podem atingir até oito vezes seu tamanho original. É quando se

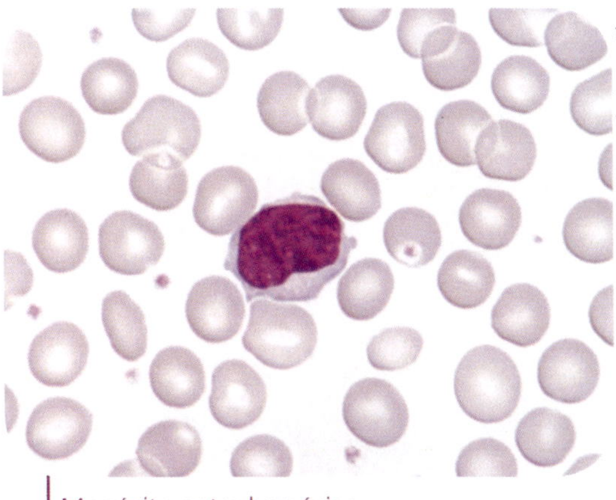
ISM/Phototake/Image Plus

Monócito entre hemácias.

transformam em monócitos maduros, os maiores glóbulos brancos existentes no organismo. São verdadeiros gigantes celulares, conhecidos como macrófagos.

Os macrófagos, assim como os neutrófilos, também fagocitam partículas que são estranhas ao corpo. Mas, ao contrário dos neutrófilos que ficam armazenados na medula vermelha dos ossos onde são produzidos, os macrófagos permanecem nos tecidos do organismo, onde atingem sua maturidade. Só saem deles quando precisam "entrar em ação".

**Você sabia?**

**O que é o pus?**
As regiões do nosso corpo onde macrófagos e neutrófilos fagocitam partículas estranhas são verdadeiros campos de batalha. Neles, se "engalfinham" leucócitos vivos com agentes invasores.
No final da batalha, jazem sobre o microscópico campo de guerra muitos "cadáveres" de invasores destruídos e fragmentos de glóbulos brancos mortos durante a luta em defesa de nossa saúde.
O pus, líquido viscoso e branco-amarelado que encontramos, por exemplo, em espinhas e furúnculos, é constituído por esses restos.

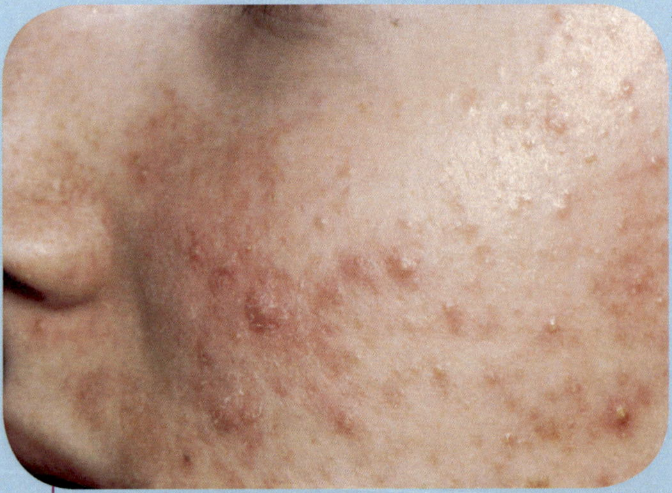

BSIP/Diomedia

O pus encontrado nas espinhas é constituído por restos de glóbulos brancos e agentes invasores.

## Os linfócitos

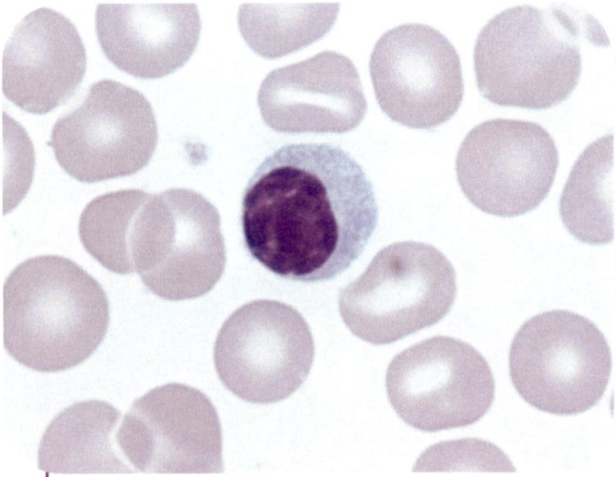

Biophoto Associates/Photo Researchers, Inc/Latinstock

Linfócito entre hemácias.

Os linfócitos são os menores glóbulos brancos encontrados em nossa corrente sanguínea. Tanto quanto se sabe, eles se formam durante a vida fetal, em órgãos como o fígado, o baço e o timo. Logo depois de serem produzidos nesses órgãos, eles migram para os vários gânglios linfáticos existentes no corpo, onde permanecem até que sejam solicitados a atuar pelo nosso organismo.

Os linfócitos estão relacionados ao reconhecimento de agentes estranhos ao nosso corpo, os chamados antígenos. As substâncias tóxicas encontradas em alimentos e venenos são exemplos de antígenos, como também os micróbios como os vírus e as bactérias.

Existem dois tipos de linfócitos: os linfócitos B e os linfócitos T. Ambos se formam enquanto o bebê ainda está no útero materno. Os linfócitos B são fabricados no fígado e no baço; os linfócitos T são produzidos no timo.

Embora as duas variedades de linfócitos apresentem o mesmo aspecto, cada uma delas tem uma função diferente.

## Os linfócitos B

Quando um antígeno penetra em nosso organismo, os linfócitos B aumentam acentuadamente de tamanho. Durante cerca de quatro dias, cada um desses linfócitos crescidos sofre pequenas modificações e divisões, e formam até 500 ou mais novas células, chamadas plasmócitos.

A especialidade dos plasmócitos é produzir anticorpos, substâncias que se ligam aos antígenos (formando o complexo antígeno-anticorpo) e os destroem.

Os anticorpos podem agir diretamente sobre os antígenos, destruindo-os. Mas também podem agir aderindo às membranas celulares dos organismos estranhos. Com isso, facilitam a fagocitose dos invasores pelos macrófagos.

Outra ação dos anticorpos pode ser a de fazer com que os antígenos grudem uns nos outros. Nesse caso, os antígenos aderidos formam pequenos grumos, isto é, sofrem aglutinação. É isso o que acontece, por exemplo, no caso das transfusões sanguíneas incorretas, em que o sangue estranho do doador é incompatível com o sangue do receptor. Conforme vimos no capítulo 3, essa aglutinação de hemácias é extremamente perigosa, pois, caso os grumos de glóbulos vermelhos formados sejam suficientemente grandes, podem bloquear a passagem do sangue nos vasos sanguíneos de diâmetros pequenos.

## Os linfócitos T

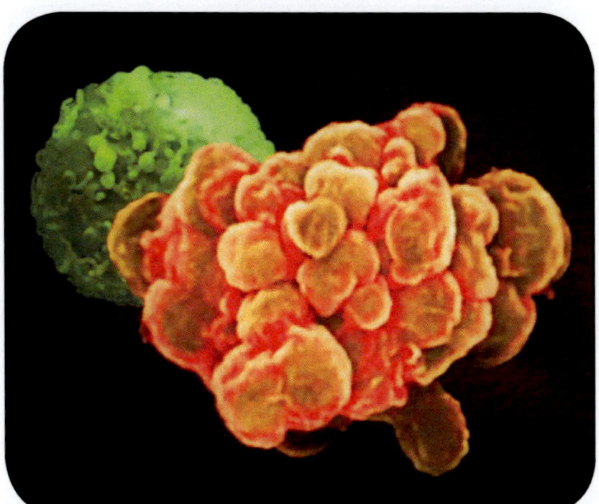

O linfócito T, célula corada em verde, entra em contato com os agentes invasores e os destrói.

A ação dos linfócitos T é diferente da ação dos linfócitos B. Os linfócitos B liberam anticorpos, substâncias que ficam no sangue e nos outros líquidos (ou humores) corporais até chegarem aos antígenos e eliminá-los. Portanto, eles realizam uma defesa indireta e humoral.

Os linfócitos T, por sua vez, realizam uma defesa direta, com base celular. Ou seja, eles se ligam aos antígenos invasores e neles liberam substâncias que os destroem. Além disso, os linfócitos T também secretam compostos que atraem os macrófagos e outros linfócitos para o local onde existem "estranhos" a eliminar.

Esse ataque direto dos linfócitos T às células invasoras é o responsável pela rejeição dos órgãos transplantados. Como esses órgãos são reconhecidos como "estranhos" ao organismo, suas células são atacadas e destruídas pelos linfócitos T do indivíduo receptor.

Para reduzir os riscos de rejeição, sempre que possível, procura-se transplantar órgãos cuja possibilidade de serem rejeitados pelo receptor seja a menor possível. Esse é o caso de órgãos doados por pais e irmãos, por exemplo.

### Os eosinófilos

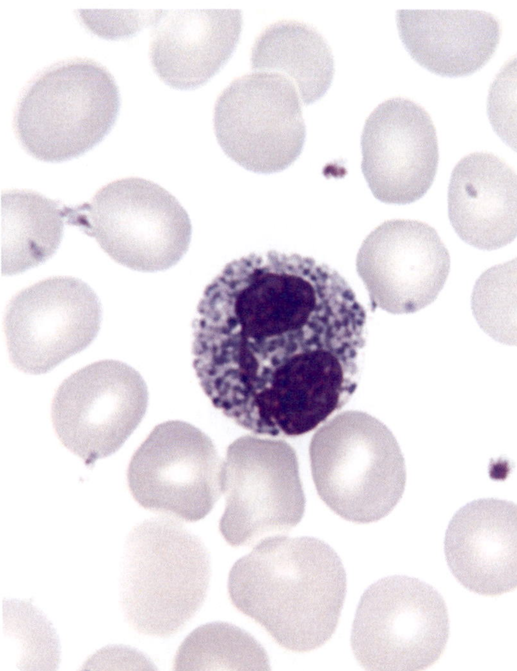

Carolina Biological Supply Company/Phototake/Image Plus

Eosinófilo entre hemácias.

Em condições normais de saúde, os eosinófilos constituem uma minoria da população de glóbulos brancos do sangue — cerca de 3%. Mas sua quantidade aumenta muito quando ocorrem alergias ou parasitoses.

Assim como os outros glóbulos brancos, eles também apresentam quimiotaxia. Ou seja, eles são atraídos por substâncias químicas liberadas nas áreas com problemas. Uma das principais funções dos eosinófilos é fagocitar o complexo antígeno-anticorpo.

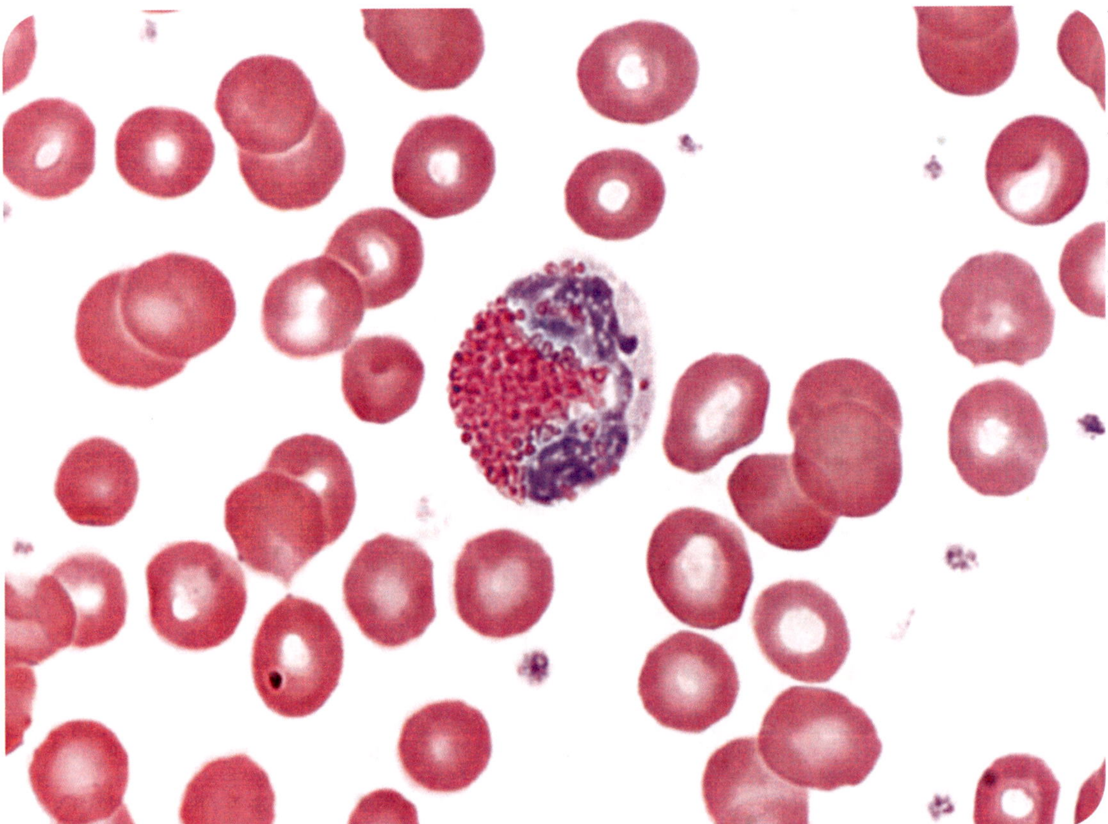

Michael Ross/Photo Researchers, Inc/Latinstock

Entre hemácias, vemos um eosinófilo corado. Dentro dele, em vermelho, vemos os grânulos que contêm enzimas.

## Basófilos e mastócitos

Basófilos e mastócitos são células extremamente semelhantes entre si. A principal diferença entre elas é que os basófilos circulam no sangue e os mastócitos se localizam na parte externa dos capilares sanguíneos. Acredita-se hoje que os mastócitos sejam basófilos que saíram da corrente sanguínea e se fixaram nos tecidos. De qualquer forma, basófilos e mastócitos parecem desempenhar as mesmas funções.

Na presença de antígenos, basófilos e mastócitos liberam substâncias como a histamina, a bradicinina e a serotonina. Essas substâncias provocam inflamação. Uma das consequências da inflamação é favorecer um certo isolamento das áreas invadidas por organismos estranhos.

Em pessoas com alergias que se manifestam no sistema respiratório, os mastócitos das vias respiratórias, quando em contato com os materiais que provocam a alergia, rompem-se e liberam as substâncias responsáveis pela contração dos bronquíolos pulmonares. Isso provoca a respiração difícil típica dos asmáticos.

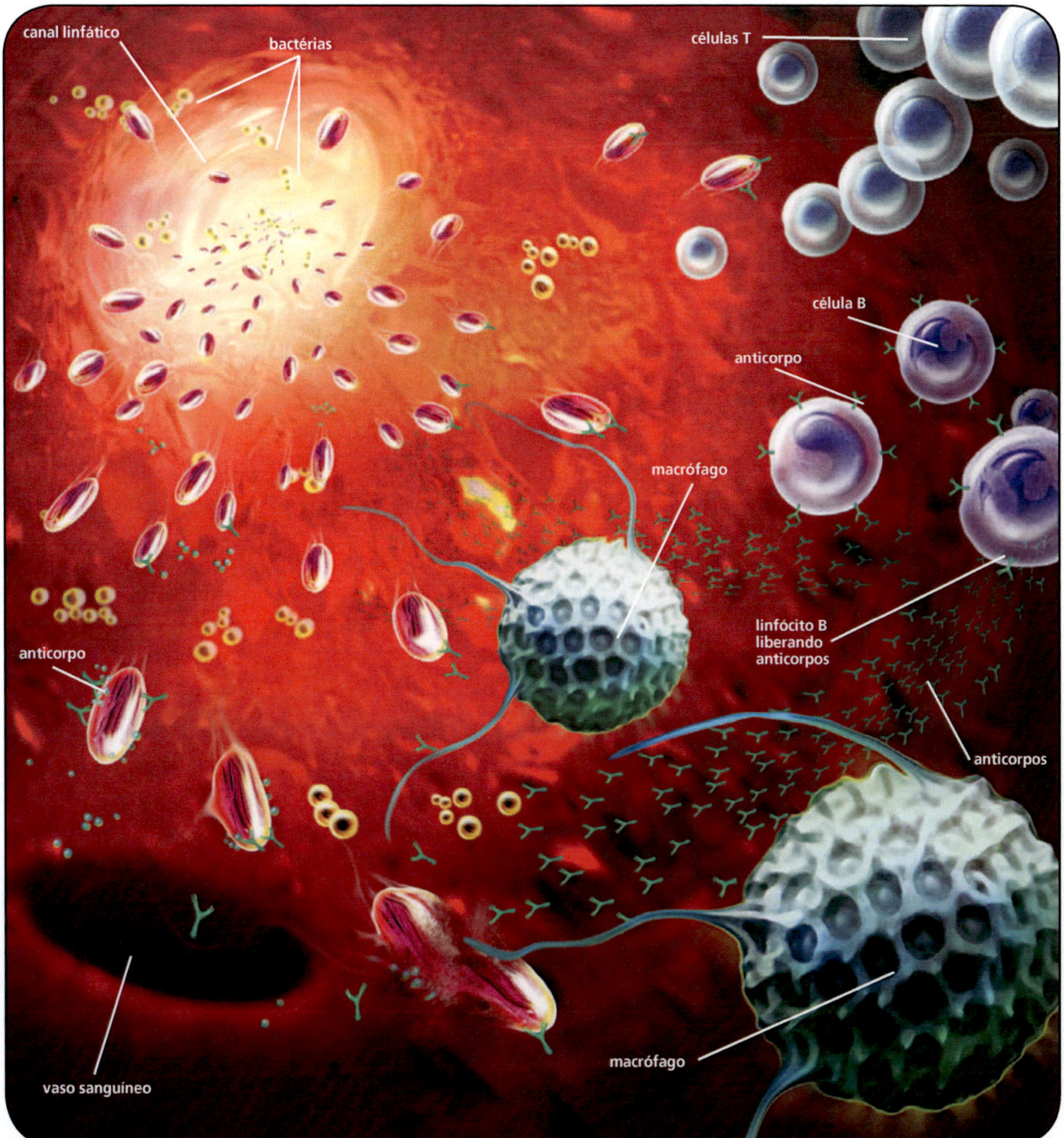


Representação artística de alguns processos de autodefesa e autorrecuperação do organismo.

Estudando os glóbulos brancos aprendemos o que são as inflamações e alguns mecanismos usados pelo nosso corpo para se defender de agentes a ele estranhos.

Depois do que você estudou, podemos dizer que, de maneira genérica, as reações inflamatórias não são um problema. Elas são um sinal de que o corpo está, de alguma forma, se curando. Ou seja, o corpo humano possui mecanismos de proteção, manutenção e reparo que nos possibilitam estar expostos a ambientes repletos de situações de risco.

De fato, riscos associados a variações no ambiente não representam um problema novo para os seres vivos. Já há bilhões de anos, formas de vida microscópicas viviam imersas nos oceanos primordiais e eram suscetíveis a mudanças do meio externo que poderiam ameaçá-las.

No entanto, esse problema é minimizado quando consideramos organismos pluricelulares, com líquidos transportadores de substâncias em seu interior e um meio interno em equilíbrio. Será essa reflexão que aprofundaremos nas próximas páginas, no capítulo final desse livro.

## LEUCEMIAS

Leucemia é uma doença caracterizada pela formação de glóbulos brancos anormais, ou seja, cancerosos.

A formação desses glóbulos brancos anormais pode ocorrer tanto na medula vermelha óssea quanto nos órgãos linfoides, diferenciando assim dois tipos de leucemia: a mielogênica (de *mielo* que significa "medula") e a linfogênica.

Em qualquer dos dois tipos, as células cancerosas, uma vez formadas, invadem o fígado, o baço e os gânglios linfáticos, onde passam a reproduzir-se intensamente. Esse fato prejudica a formação não só dos leucócitos, mas também das hemácias e das plaquetas.

Por outro lado, os numerosos leucócitos anormais formados não têm a capacidade de atacar organismos estranhos. Assim, quem tem a doença fica mais exposto a infecções.

As pessoas com leucemia são pálidas, costumam se queixar de cansaço com facilidade, dores nos ossos e nas articulações e falta de apetite. É comum o aparecimento de febre, pequenas hemorragias subcutâneas e aumento dos gânglios linfáticos.

O exame de sangue e de material retirado da medula óssea ou dos gânglios dessas pessoas mostra a presença de anemia, um número reduzido de plaquetas e um número elevado de leucócitos anormais.

A doença é muito grave! Quando a quantidade dessas células cancerosas é muito grande, boa parte dos nutrientes disponíveis no organismo e destinados às demais células é usada na manutenção dessas células anormais. Assim, as células sadias podem até acabar morrendo "de fome".

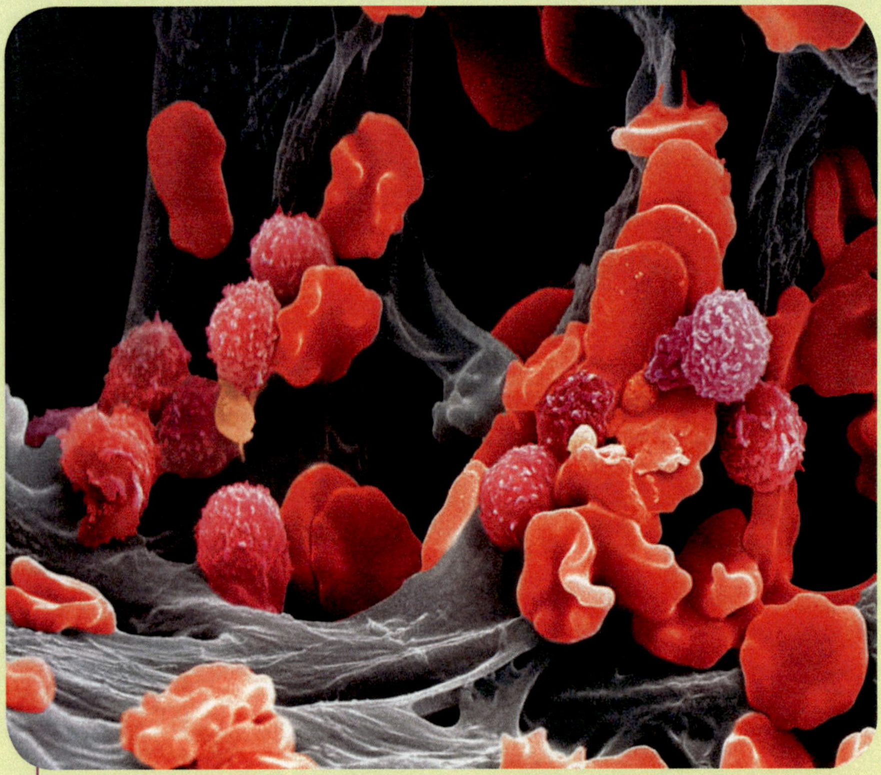

STEVE GSCHMEISSNER/SPL/Latinstock

Micrografia eletrônica de células do sangue de um paciente que sofre de leucemia, um tipo de câncer. A doença aumenta os níveis de células brancas do sangue, os linfócitos (em roxo), o que provoca uma redução dos glóbulos vermelhos (em vermelho) e de outros componentes do sangue. Este tipo de leucemia pode se desenvolver lentamente, ao longo de vários anos, sem sintomas, mas pode causar anemia e aumento do fígado e do baço. Foram usadas cores fantasia.

# OS LÍQUIDOS TRANSPORTADORES... E AS COMUNIDADES DE CÉLULAS

5

Frans Lemmens/GettyImages

Aqui vemos os canais que banham a cidade de Amsterdã (Holanda). Ao ver essa imagem, podemos fazer uma analogia, o sangue banha as células do corpo da mesma maneira que a água do mar banha as ruas dessa cidade.

**SE VOCÊ PEGAR UMA GOTA DE ÁGUA EM UM LAGO E OBSERVÁ-LA, O QUE VERÁ? TALVEZ NÃO VEJA MUITA COISA. AFINAL, UMA GOTA É TÃO PEQUENA, TÃO TRANSPARENTE, QUE NÃO DÁ PARA VER NADA DE MAIS, NÃO É?**

Mas se você observar essa mesma gota com um microscópio, um mundo incrível pode surgir diante de seus olhos! Você poderá apreciar um universo habitado por uma variedade de criaturas.

Este é o caso de seres vivos imersos em um meio aquático. O meio onde estão inseridos funciona como uma sopa de diversas substâncias. Daí, obtêm o que necessitam para manterem-se vivos.

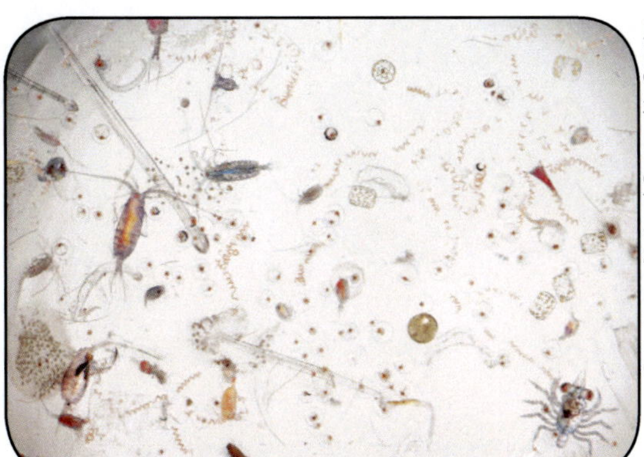

Getty Images/National Geographic Creative

Sob lentes de aumento, vemos que um esguicho de água do mar, como esse, é repleto de seres vivos minúsculos.

Agora, imagine um ser vivo formado por várias células, como é o caso do ser humano. Apesar de nenhum de nós estarmos diretamente imerso em uma sopa nutritiva, cada célula do nosso corpo está envolta em líquidos transportadores de substâncias — ou próxima deles. É como se toda a água do lago, onde observamos os microrganismos, não estivesse espalhada, mas sim contida dentro do organismo.

Essa será a ideia que exploraremos nesse capítulo: de certa maneira as células em um organismo estão todas interconectadas por uma espécie de "oceano interno", formado por líquidos transportadores existentes em seu interior.

## Os líquidos corpóreos se misturam

Você já sabe que o nosso sangue está confinado a circular dentro de vasos sanguíneos. Estudamos isso particularmente no capítulo 2. Mas engana-se quem pensa que o plasma sanguíneo, ou seja, a porção do sangue constituída por água e substâncias nela presentes, esteja limitado ao circuito formado por artérias e veias.

Na verdade, parte do plasma do sangue pode deixar os vasos sanguíneos e passar para os tecidos. E parte desse líquido pode sair dos tecidos na forma de linfa e até retornar ao sangue.

Isso significa que, em nosso corpo, temos pelo menos dois líquidos transportadores de substâncias que se intercomunicam: o sangue e a linfa.

### O plasma sanguíneo

É o plasma sanguíneo que, como um rio muito longo e muito ramificado, interliga todas as células do organismo. Nas águas desse grande "rio", viajam as mais diversas substâncias químicas.

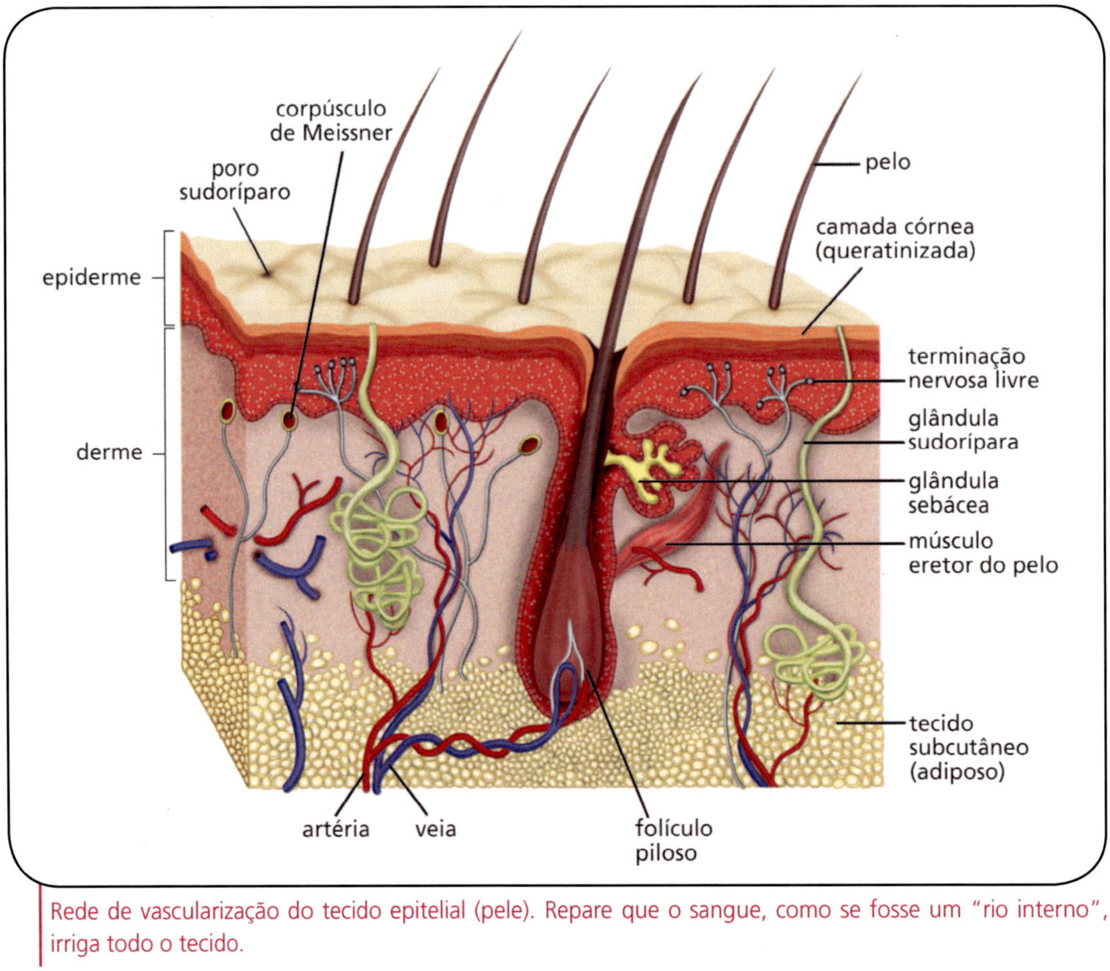


Rede de vascularização do tecido epitelial (pele). Repare que o sangue, como se fosse um "rio interno", irriga todo o tecido.

Açúcares, sais, água, proteínas, vitaminas e outros produtos obtidos a partir da digestão dos alimentos e absorvidos pelo intestino, chegam às células do organismo levados pelo plasma sanguíneo.

Pelo plasma também são transportados os anticorpos que defendem o nosso corpo de agentes estranhos. No plasma, também são encontradas células sanguíneas como os glóbulos vermelhos, que transportam o oxigênio. É ainda o plasma que serve de veículo aos fatores da coagulação, entre eles a protrombina e o fibrinogênio.

Outros importantes viajantes plasmáticos são os hormônios. Através do plasma sanguíneo, os hormônios produzidos em alguma região do corpo são conduzidos até áreas diferentes, nas quais podem atuar.

## A linfa

Até mesmo entre as células do nosso corpo existe líquido. Esse líquido pode ser drenado pelos capilares do sistema linfático. E o resultado dessa drenagem é a linfa.

A linfa é um líquido muito rico em gorduras, que foram absorvidas pelos capilares linfáticos do intestino. É por causa dessa gordura que a linfa tem um aspecto leitoso, principalmente após uma refeição abundante. É através da linfa que os linfócitos, as células do nosso sistema imunológico, chegam ao sangue.

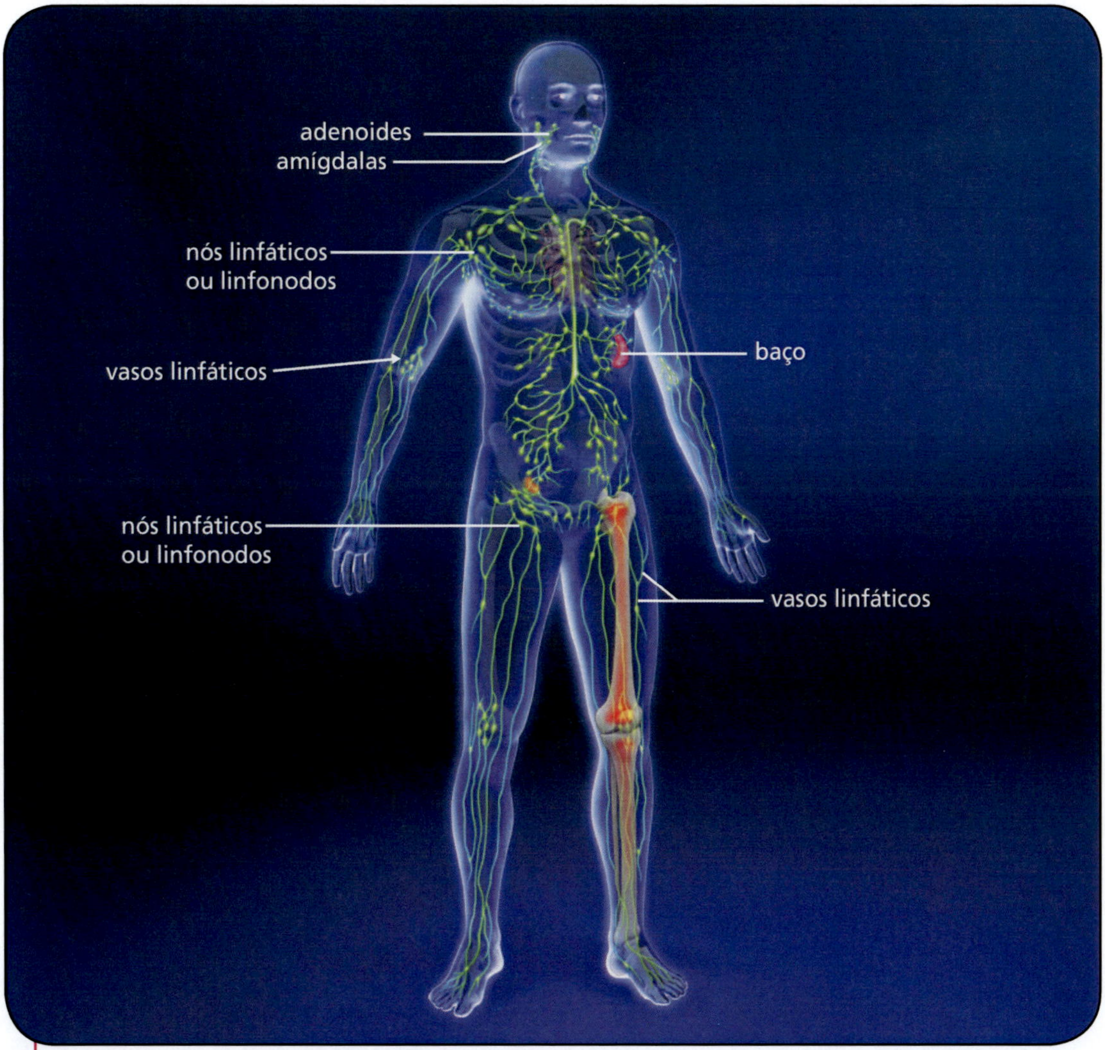


Representação artística do sistema linfático no corpo humano.

Em outras palavras, linfa e plasma sanguíneo se intercomunicam. Para entender melhor isso, leia os próximos parágrafos e acompanhe o esquema que apresentamos.

Depois de passar pelos gânglios linfáticos e entrar na veia cava, a linfa se mistura com o sangue aí existente. Isso provoca um aumento do volume sanguíneo. Mas logo o volume de sangue circulante no nosso corpo volta ao normal. E você sabe como isso ocorre?

Durante a circulação do sangue, juntamente com alguns glóbulos brancos, um pouco de líquido pode sair dos vasos sanguíneos. Esse líquido entra no espaço entre as células corpóreas, formando assim o chamado líquido intercelular. E, como você já sabe, depois, esse líquido pode ser drenado para a linfa e acabar retornando para o sangue.

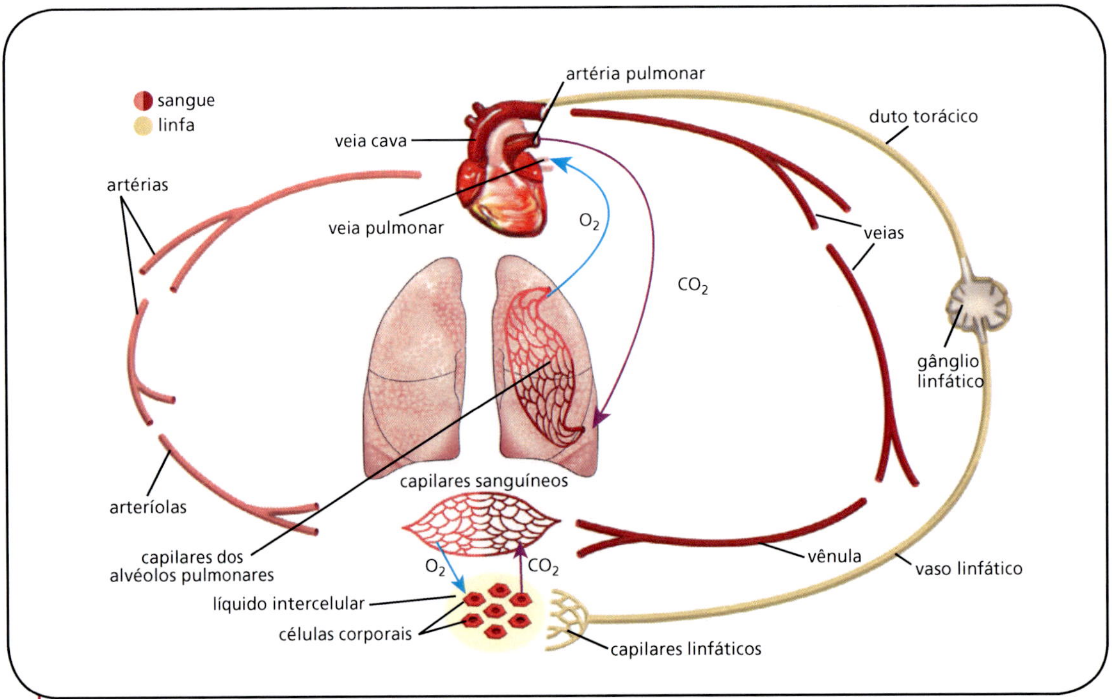


Visão esquemática da circulação da linfa e do sangue pelo corpo humano. Por meio desse esquema, podemos perceber que os sistemas circulatórios do sangue e da linfa se intercomunicam.

## Os líquidos transportadores em diferentes seres vivos

Até aqui, você conheceu dois líquidos transportadores que existem no corpo humano: o sangue e a linfa.

Assim como nós, muitos seres vivos também possuem sangue e linfa. Mas há seres vivos que possuem outros líquidos transportadores em seu interior.

### A hemolinfa e a circulação aberta

Existem muitos seres vivos nos quais a intercomunicação entre o sangue e a linfa é tamanha que não conseguimos dizer o que é o sangue e o que é a linfa. É o caso de seres vivos que possuem hemolinfa.

A hemolinfa nem sempre fica confinada no interior de vasos condutores. Para entender melhor isso, acompanhe o esquema que mostra o caminho da hemolinfa dentro de um inseto. Em geral, depois de sair do coração e passar pelas artérias, a hemolinfa sai dos vasos e cai nos espaços intercelulares, onde se mistura com o líquido aí existente. Esse líquido intercelular vai se acumulando em grandes tubos chamados de seios venosos, que o conduzem de volta ao coração.

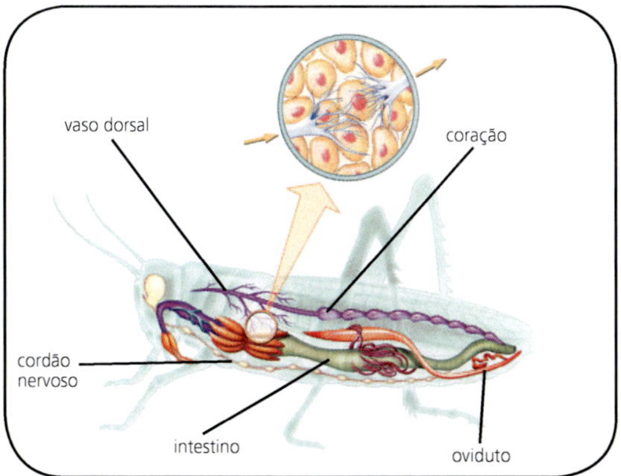


Visão esquemática do sistema circulatório aberto em um inseto. Foram usadas cores fantasia.

Esse é um típico sistema circulatório aberto. Nele, o líquido transportador de substâncias e de células não está confinado a circular por um circuito fechado de artérias e veias.

Possuem sistema circulatório aberto com hemolinfa vários tipos de insetos (como abelhas, formigas e moscas), crustáceos (como camarão e siri), moluscos (como caramujos e mexilhões) e muitos outros invertebrados.

A hemolinfa presente nesses seres vivos apresenta uma composição ligeiramente distinta da do sangue. Consequentemente, tem também uma coloração diferente. Em alguns animais ela tem o aspecto esbranquiçado. Em outros, pode ser azulada ou até rosada. Mas não se conhece nenhum tipo de hemolinfa que possua a tonalidade vermelha específica do nosso sangue.

## As seivas dos vegetais

Em alguns seres vivos, não existe nem sangue nem hemolinfa. O que existe é um sistema de "rios" por onde passa um outro tipo de líquido transportador de substâncias: a seiva. Esses seres vivos são os vegetais.

Na maioria dos vegetais, os líquidos transportadores de substâncias não circulam, mas são constantemente adquiridos ou elaborados por certas partes do vegetal e seguem uma única direção, dentro de um sistema de canais, tubos e túneis. Esses canais condutores são denominados canais condutores de seiva.

Dessa forma, as seivas de uma planta jamais são encontradas circulando, mas somente fluindo em um único sentido: da raiz em direção às folhas (no caso da seiva bruta), e das folhas em direção à raiz (no caso da seiva elaborada).

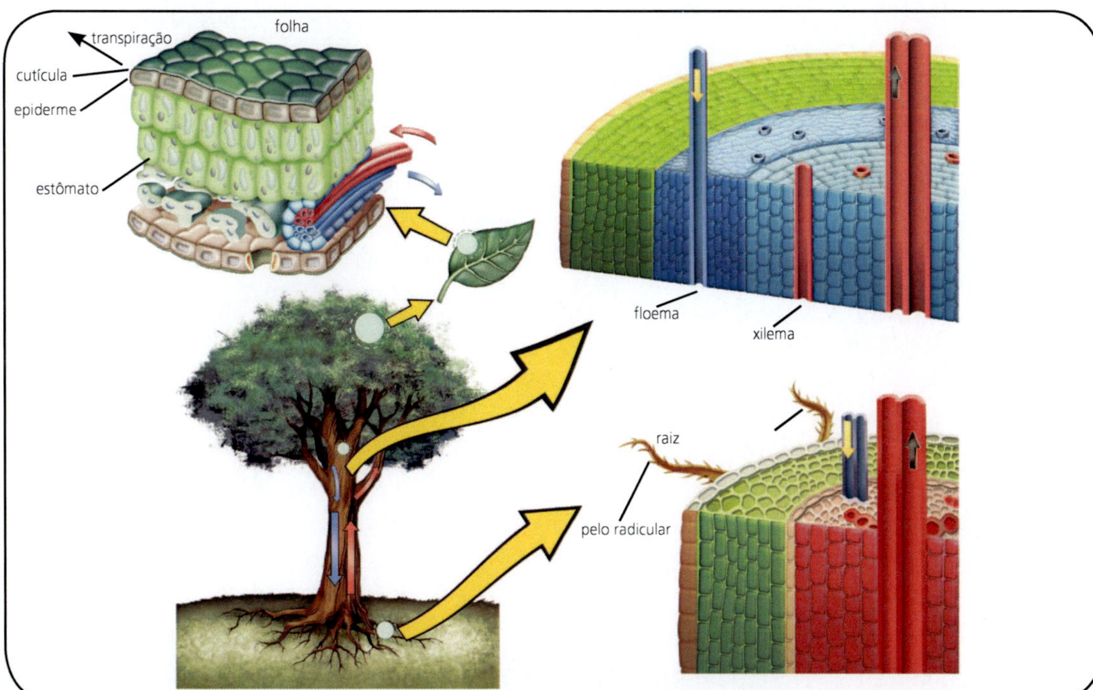


Visão, em corte, do caule e das folhas de um vegetal observado ao microscópio, com os canais por onde passam as seivas. Foram usadas cores fantasia.

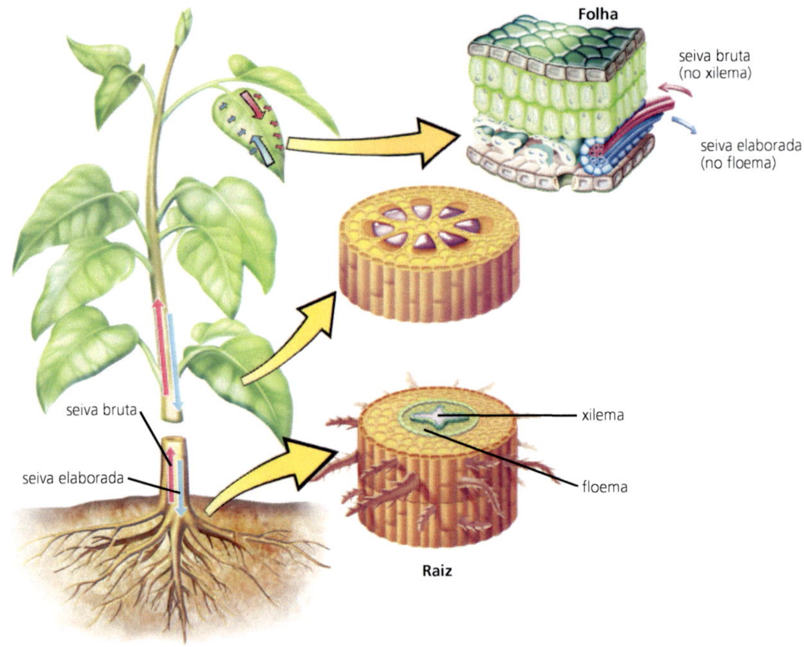


Visão esquemática dos caminhos das seivas por um vegetal. Foram usadas cores fantasia.

## Imersos em líquidos transportadores

Até aqui, você viu que seres vivos bem diferentes, como insetos, moluscos, plantas, seres humanos etc., possuem líquidos transportadores dentro do corpo.

Podemos pensar que esses líquidos transportadores fazem parte de um "oceano interior" que caracteriza a arquitetura desses seres vivos. No caso do corpo humano, líquidos transportadores como o sangue, a linfa e o próprio líquido do espaço entre as células constituem esse oceano interno.

São esses líquidos transportadores que viabilizam o acesso de nutrientes às células e também a saída de restos provenientes do metabolismo celular. Contribuem, ainda, para manter as células de um organismo interligadas: mesmo que presentes em partes diferentes do corpo, as células são banhadas pelos mesmos líquidos.

No corpo humano, a composição química desse oceano interno é ajustada pelos rins. Assim, se há muita água e a concentração de substâncias nos fluidos corpóreos diminui, mais urina é eliminada pela ação dos rins. Caso contrário, a urina se torna mais escassa e concentrada. Os rins também atuam na eliminação e retenção de minerais como sódio e potássio. Quando os rins começam a falhar, há o risco de se acumular substâncias tóxicas derivadas do metabolismo.

Estes são exemplos de mecanismos que possibilitam a constância do meio interno em nosso organismo.

Tudo isso pode nos levar a fazer uma reflexão: de certa maneira, guardamos um vínculo com as primeiras formas de vida de que se tem registro. Afinal, somos dependentes de um meio líquido que nos fornece os recursos necessários à vida. A diferença é que, enquanto no caso das primeiras formas de vida, esse meio líquido era externo ao corpo do organismo, no nosso caso esse meio líquido é interno.

Neste livro, exploramos mais detalhadamente o sangue, um desses líquidos internos do corpo. Esperamos que, com isso, você tenha conhecido um pouco mais o seu organismo.

Mas não pare por aqui. Leia outros livros e conheça ainda mais o seu corpo. Afinal existem muitas coisas interessantes que você pode aprender sobre ele.

# FOLHA DA CIÊNCIA

## Inca triplica capacidade de armazenamento de sangue umbilical

Em cerimônia realizada [...] no Instituto Nacional de Câncer (Inca), o ministro da Saúde, José Gomes Temporão, inaugurou as novas instalações do Banco de Sangue de Cordão Umbilical e Placentário (BSCUP). Com a expansão, a capacidade de armazenamento do Banco do Inca triplicou, passando de 3 mil para 10 mil bolsas de sangue de cordão. [...]

[...] Luiz Antonio Santini, diretor-geral do Inca, disse que a próxima meta é ter mais 500 mil doadores disponíveis de medula óssea ou de cordões armazenados: "Com 1 milhão de cadastros, poderemos garantir 70% de transplantes de medula óssea com doadores nacionais", contabilizou. O processo de obtenção desse percentual no Brasil é mais demorado. "Somos um país muito miscigenado, com grande diversidade genética. A Alemanha, por exemplo, conseguiu esses 70% com 100 mil doadores cadastrados", explicou Luiz Fernando Bouzas, diretor do Cemo (Centro de Transplante de Medula Óssea).

Para Bouzas, os bancos são um dos grandes marcos nessas seis décadas de transplante de medula óssea: "Cerca de 70% dos pacientes não encontram o doador compatível na família. Não dá para suprir essa necessidade somente com os transplantes de medula óssea. As células de cordão umbilical são mais fáceis de obter, têm menor restrição de compatibilidade e menor risco de contaminação", explicou Bouzas. Existe também a vantagem econômica. Enquanto uma unidade de sangue de cordão umbilical congelado custa R$ 2.500, a busca de unidades internacionais custa R$ 65 mil.

Desde 2004, o número de doadores cadastrados no Registro Nacional de Doadores de Medula Óssea (Redome) aumentou de 40 mil para 500 mil. Para Temporão, o sucesso se deve à qualidade das ações desenvolvidas pelo Inca [...].

### *Sangue de cordão umbilical e placentário*

O sangue do cordão umbilical é rico em células-tronco hematopoiéticas, como a medula óssea. Estas células se multiplicam rapidamente e possuem a capacidade de se transformar em qualquer célula do sangue. Assim, este material é utilizado em tratamentos de doenças de sangue, como leucemias e anemias, porque tem a capacidade de regenerar a medula óssea – responsável pela produção das substâncias do sangue. Quando há um paciente com indicação de transplante de medula óssea, suas características genéticas são comparadas com as do sangue dos cordões armazenados em bancos públicos para verificar a compatibilidade. O transplante é semelhante ao realizado quando há um doador, ou seja, o paciente recebe as células-tronco por meio de transfusão.

### *Bancos públicos de sangue de cordão umbilical e placentário*

A doação do cordão umbilical do recém-nascido para um banco público é voluntária e autorizada pela mãe do bebê. As unidades armazenadas ficam disponíveis para qualquer pessoa que precise de transplante de medula óssea, indicação para pacientes com leucemia e outras doenças do sangue. Quanto mais cordões armazenados, maior a quantidade de pessoas que podem ser beneficiadas. Segundo a comunidade científica do Brasil e do exterior, não é recomendável o armazenamento do cordão umbilical em bancos privados. Hoje, a única utilização do material é para casos de transplante de medula óssea. Nesses casos, o material não pode ser usado pela própria criança porque as características da doença já estarão presentes nas células do cordão. Além disso, não há nenhuma comprovação científica de que este material poderá ser utilizado no futuro para tratamento de outras doenças.

Fonte: INSTITUTO NACIONAL DE CÂNCER. *INCA triplica a capacidade de armazenamento de sangue umbilical*. S/d. Disponível em: <http://www.inca.gov.br/impressao.asp?op=pr&id=1566>. Acesso em: 24 mar. 2009.

## Exame reduz risco de infecção em transfusão

***Teste da Fiocruz "encurta" janela imunológica dos vírus da Aids e da hepatite***

O Ministério da Saúde pretende levar para a rede pública um exame de sangue, com tecnologia nacional, que reduz o tempo em que os vírus da Aids e da hepatite C ficam no organismo sem serem detectados pelos exames convencionais.

Com a medida, o governo busca tornar as transfusões de sangue realizadas pelo SUS (Sistema Único de Saúde) mais seguras. São coletados pouco mais de 4 milhões de bolsas de sangue por ano no país, sendo 3,5 milhões no serviço público. O período em que um vírus não aparece nos testes é conhecido como janela imunológica. Pelos exames usados hoje no SUS, o HIV só é detectado 21 dias após a pessoa ter sido infectada. Com o novo teste, a janela cairá para oito dias. Assim, o risco de se coletar sangue contaminado com HIV passará de 1 bolsa em 250 mil para 1 bolsa em 3 milhões.

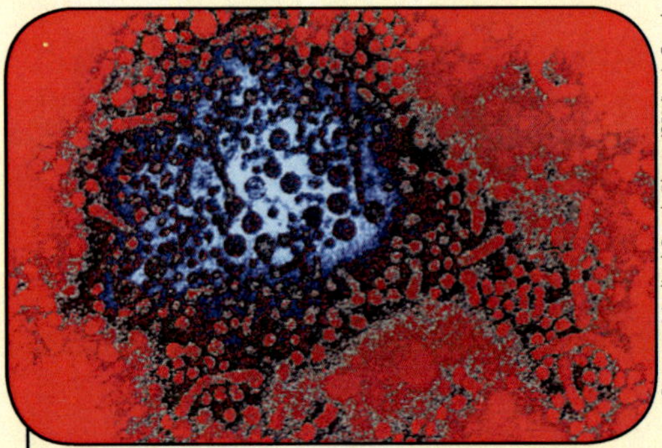

Custom Medical Stock Photo/SPL/LatinStock

Vírus da hepatite B. Foram usadas cores fantasia.

No caso do vírus da hepatite C, a janela imunológica passará de 72 dias para 14. O exame que o governo vai adotar foi desenvolvido pela Fundação Oswaldo Cruz e é conhecido pela sigla NAT (teste de ácido nucleico, em inglês). Enquanto o teste usado hoje no SUS, o Elisa, detecta os anticorpos produzidos pelo organismo na tentativa de destruir o vírus, o NAT identifica o material genético do próprio vírus.

A janela imunológica do Elisa é maior porque o organismo da pessoa infectada leva algum tempo para produzir os anticorpos. O NAT não depende da resposta imunológica. Essa tecnologia foi aprovada para uso na rede de saúde dos EUA em 2002. No Brasil, apenas os hospitais privados de ponta de São Paulo, Rio e Brasília utilizam o NAT.

[...] "O novo produto leva vantagem sobre os NATs disponíveis no mercado internacional. A janela imunológica é menor, e o preço é 80% mais baixo. Além disso, ficamos livres de interesses comerciais", diz Alberto Beltrame, diretor do Departamento de Atenção Especializada.

Fonte: WESTIN, Ricardo. Exame reduz risco de infecção em transfusão. *Folha de S.Paulo*. São Paulo, 22 out. 2008. Caderno Saúde. Disponível em: <http://www1.folha.uol.com.br/fsp/saude/sd2210200803.htm>. Acesso em: 01 set. 2009.

## Sangue de menstruação pode reparar problemas cardíacos, diz estudo

O incômodo que para muitas mulheres representa o ciclo menstrual pode ser compensado no futuro pelo poder de cura de seu sangue, aplicável a corações debilitados, segundo pesquisadores japoneses. Os cientistas estudaram o sangue da menstruação de nove mulheres e se concentraram em um tipo de célula que atua de maneira similar às células-tronco. Aproximadamente 20% das células menstruais começaram a pulsar espontaneamente três dias depois de serem introduzidas *in vitro* em células de coração de ratos. As primeiras formaram uma espécie de capa própria do tecido muscular do coração.

A proporção de sucesso é cem vezes maior que a obtida com células-tronco extraídas da medula humana (entre 0,2% e 0,3%), segundo Shunichiro Miyoshi, cardiologista da Faculdade de Medicina da Universidade de Keio, do Japão, e um dos autores da pesquisa. As experiências posteriores revelaram que o estado dos ratos que sofreram ataques cardíacos melhorava após receber células procedentes do ciclo menstrual. "É possível desenvolver um sistema no futuro próximo que permita às mulheres usarem o sangue para seu próprio tratamento", declarou. Recorrer ao próprio sangue é uma maneira de eliminar um dos principais riscos que apresenta o uso de células: tratando-se as pacientes, o sistema imunológico não as rejeita. [...]

Fonte: SUZUKI, Miwa. Sangue de menstruação pode reparar problemas cardíacos, diz estudo. *Folha de S.Paulo*. São Paulo, 24 abr. 2008. Caderno Ciência. Disponível em: http://www1.folha.uol.com.br/folha/ciencia/ult306u395283.shtml>. Acesso em: 01 set. 2009.

## Cientistas criam técnica para converter tipos de sangue

Cientistas desenvolveram uma forma de converter um tipo sanguíneo em outro. A técnica permite potencialmente que sangues dos tipos A, B e AB sejam convertidos para o tipo O, chamado "tipo universal", porque pode ser usado com segurança em transfusões para qualquer paciente. O método, que emprega enzimas recém-descobertas, pode ajudar a aliviar a escassez de sangue para transfusões. O trabalho, liderado pela Universidade de Copenhague, na Dinamarca, foi noticiado na revista *Nature Biotechnology*.

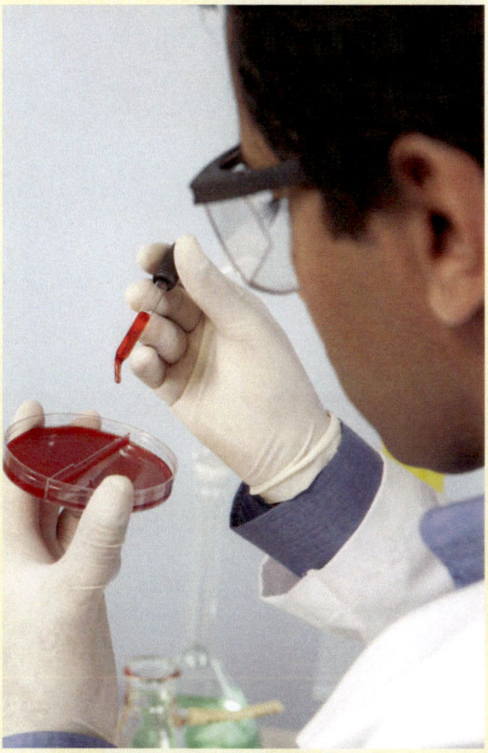

Uppercut/Diomedia

Injetar em um paciente sangue incompatível com o seu próprio durante uma transfusão pode acarretar risco de morte. As células do sangue dos tipos A e B contêm uma ou duas moléculas diferentes de açúcares, conhecidas como antígenos, que podem provocar uma resposta imunológica. As pessoas com sangue do tipo AB têm os dois tipos de moléculas, e as do tipo O não possuem nenhuma delas.

As pessoas produzem anticorpos contra os antígenos que não possuem. Isso significa que os sangues do tipo A, B e AB só podem ser doados a pacientes com sangue compatível, enquanto o tipo O pode ser doado a qualquer pessoa. A nova técnica funciona com o uso de enzimas de bactérias que retiram moléculas de açúcar da superfície de glóbulos vermelhos.

Depois de uma busca que incluiu 2,5 mil fungos e bactérias, os pesquisadores descobriram duas bactérias – *Elizabethkingia meningosepticum* e *Bacterioides fragilis* – que contêm enzimas potencialmente úteis. Eles descobriram que enzimas das duas bactérias conseguem remover os antígenos A e B dos glóbulos vermelhos.

### *Testes*

Mas os pesquisadores dizem que serão necessários testes com pacientes antes que o método de conversão possa ser usado em hospitais. Em artigo na mesma publicação, os especialistas Geoff Daniels, do Bristol Institute for Transfusion Sciences, e Stephen Withers, da Universidade de British Columbia, no Canadá, elogiaram a pesquisa.

Segundo eles, o uso de enzimas para converter tipos sanguíneos foi proposto há muito tempo, mas se provou pouco prático por causa da ineficácia e incompatibilidade das enzimas disponíveis. Os cientistas dizem, no entanto, que as enzimas descobertas no último estudo podem, finalmente, contornar esse problema. "O método deles pode permitir a fabricação de glóbulos vermelhos universais, que reduziriam substancialmente a pressão sobre o armazenamento de sangue." O novo processo não pode fazer nada sobre um outro antígeno que pode provocar uma resposta imunológica. O sangue que tem este antígeno é conhecido como Rh-positivo. Isto significa que só sangue Rh-negativo pode ser usado para criar novos suprimentos do novo tipo de sangue O.

Fonte: UOL NOTÍCIAS. *Cientistas criam técnicas para converter tipos de sangue*. São Paulo, 02 abr. 2007. Sessão Ciência e Saúde. Disponível em: <http://noticias.uol.com.br/ultnot/cienciaesaude/ultnot/bbc/2007/04/02/ult4432u120.jhtm>. Acesso em 01 set. 2009.

## LINKS INTERESSANTES

**Associação Brasileira de Ciências**
http://www.abc.org.br

**Associação Brasileira de Hematologia e Hemoterapia**
http://www.abhh.com.br

**Associação Brasileira de Hemofilia**
http://www.hemofiliabrasil.org.br

**Associação Brasileira de Linfoma e Leucemia**
http://www.abrale.org.br

Arquivo da ABHH

**Associação de Anemia Falciforme do Estado de São Paulo**
http://www.afesp.org.br/anemiafalciforme.htm

**Associação de Medula Óssea**
http://www.ameo.org.br

**Associação Voluntários do Sangue**
http://www.voluntariosdosangue.org.br

**Espaço Ciência Viva**
http://www.cienciaviva.org.br

**Federação Internacional de Hemofilia**
http://wfh.org

**Documentários gratuitos (para download, em inglês)**
http://www.freedocumentaries.org

**Fundação Prosangue**
http://www.prosangue.sp.gov.br

**Ministério da Saúde, lista de hemocentros**
http://portal.saude.gov.br/saude/area.cfm?id_area=1296

**Portal da área de hematologia, hemoterapia e medicina laboratorial**
http://hemonline.com.br

**Postos de doação de sangue no Brasil**

- http://www.filantropia.org/DoeSangue.htm
- http://www.sbhh.com.br/hemocentros.php

## *Websites* com animações e jogos

**Animações e fotos diversas – coração e circulação (em inglês)**

- http://science.nationalgeographic.com/science/health-and-human-body/human-body/heart-article.html
- http://www2.fi.edu/exhibits/permanent/resources/heartsongLow.mpg
- http://www.ipsangue.org/maxcontent-documento-254.html
- http://science.nationalgeographic.com/science/photos/heart.html

**Jogos e programas relacionados a sangue e circulação**

http://superdownloads.uol.com.br/busca/sangue.html

***Quiz*** **– coração e circulação**

- http://science.nationalgeographic.com/science/health-and-human-body/human-body/heart-quiz.html (em inglês)
- http://www.museudavida.fiocruz.br/sangue/sangue_index.html

## FILMES E VÍDEOS

**O homem que fazia chover (1997)**

- direção: Francis Ford Coppola

Um jovem advogado desempregado é a única esperança de um casal que não consegue obter dinheiro, da companhia de seguros, para a cirurgia do filho, que tem leucemia e precisa de um transplante de medula óssea.

Paramount

**Uma prova de amor (2009)**

- direção: Nick Cassavetes

Sara e Brian Fitzgerald são informados que Kate, sua filha, tem leucemia e possui poucos anos de vida. O médico sugere aos pais que tentem gerar um filho de proveta para se tornar um doador compatível com Kate. Eles aceitam a proposta e nasce Anna, que ao nascer doa sangue de seu cordão umbilical para a irmã. Anos depois, os médicos decidem fazer um transplante de medula de Anna para Kate. Ao atingir 11 anos, Anna precisa doar um rim para a irmã. Cansada dos procedimentos médicos aos quais é submetida, ela decide enfrentar os pais e lutar na justiça por emancipação médica, de forma a que tenha direito a decidir o que fazer com seu corpo.

PlayArte Pictures

**The Express (2008)**

- direção: Gary Fleder

O filme é baseado na vida do jogador de futebol americano Ernie Davis (Rob Brown). Ele foi o primeiro afro-americano a ganhar o *Heisman Trophy* e para isso enfrentou o preconceito racial e muitos outros obstáculos. Sua carreira teve de ser interrompida quando foi diagnosticado que estava com leucemia.

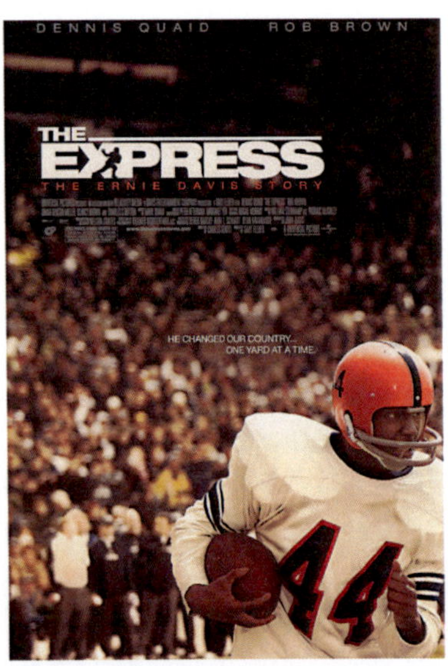


Universal Pictures

**Outono em Nova York (2000)**

- direção: Joan Chen

Will Keane é um *playboy* cinquentão que tem como convicção nunca ter um compromisso sério com uma mulher. Quando ele conhece Charlotte Fielding, uma jovem com a metade da sua idade, se apaixona. Will resolve abandonar sua decisão de nunca assumir um compromisso amoroso, mas Charlotte tem um sério motivo para recusar a proposta de Will: ela está morrendo.

**Sete Vidas (2008)**

- direção: Gabriele Muccino

Ben Thomas é um agente do imposto de renda que possui um segredo trágico. Devido a esse segredo, Ben tem um grande sentimento de culpa, o que faz com que salve as vidas de completos desconhecidos. Porém, quando conhece Emily Posa, é Ben quem tem a chance de ser salvo.

**Patch Adams – o amor é contagioso (1998)**

- direção: Tom Shadyac

Estados Unidos, início da década de 1970. Hunter 'Patch' Adams, um homem maduro e completamente decepcionado com a trajetória de sua vida, resolve internar-se numa clínica para recuperação de deficientes mentais. Lá, aprimora a hipótese sobre a qual se fundamenta sua revolucionária tese: a 'risoterapia' como poder de cura. A partir daí, resolve abandonar a instituição e matricular-se na prestigiosa Universidade de Medicina da Virgínia.

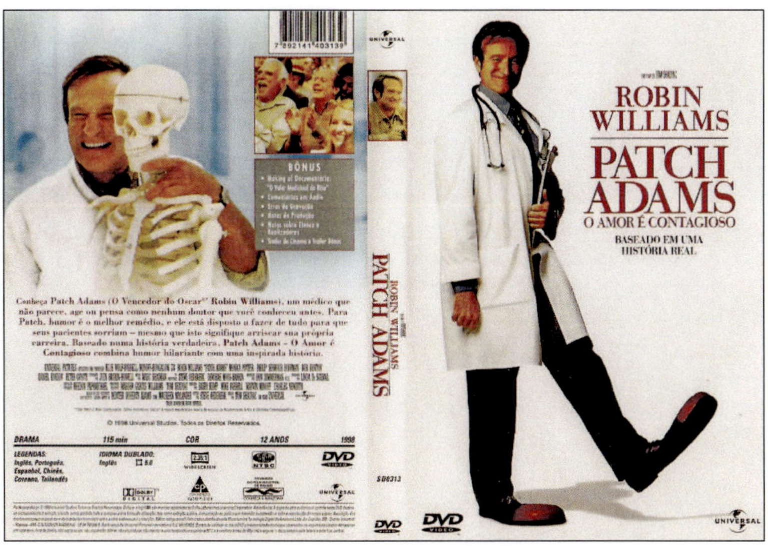


Universal Home Video

**Sistema circulatório e sonhos**

Documentário – 20 min./dublado em Português

Produção: Sony

Em média quanto sangue tem o corpo humano? Quantas veias existem no nosso corpo? Por que a gente tem sangue? Beakman responde a todas estas perguntas. De que são feitos os nossos sonhos? Beakman fala sobre sonhos, que são frutos da nossa imaginação e demonstra como funcionam as duas partes da nossa mente.

## BIBLIOGRAFIA


BIELLO, D. How Tibetans enjoy the high life. *Scientific American*. October, 2007.

BRANDOLIN, T. *Everest*: viagem à montanha abençoada. Porto Alegre: L&PM Editores, 1993. 206 p.

CHAGAS, C. Quando crescer vou ser hematologista. *Ciência Hoje das Crianças*, v. 151, 2004.

COGHLAN, A. White bood cells may be the key to long life. *Newscientist*, v. 2662, 2008.

DAY. M. Give blood, live longer. *Newscientist*, v. 2156, 2008.

FIALHO, A. N. P.; SILVA, M. C. L. N. Sangue!?! Nhac, nhac, nhac! Descubra o que faz dele um alimento tão especial para mosquitos e outros insetos. *Ciência Hoje das Crianças*, v. 139, 2003.

HERCULANO-HOUZEL, S. Por que sentimos coceira? Conheça a importante função em nosso corpo dessa sensação desagradável. *Ciência Hoje das Crianças*, v. 114, 2001.

KAHN, J. Mending broken hearts. *National Geographic Magazine*, v. February, 2007.

KAROW, J. The role for the Rhesus factor. *Scientific American*, v. October, 2000.

KLEIN, H. G. Why do people have different blood types? *Scientific American*, v. March, 2005.

LIBBY, P. Arteriosclerosis: the new view. *Scientific American*, v. May, 2002.

MARRACK, P. How do white blood cells recognize invaders? *Scientific American*, v. May, 1998.

MCMENAMIN, M.; MCMENAMIN, D. *Hypersea: Life on land*. Columbia University Press, 1995. 343 p.

MILLER, J. *The body in question*. Jonathan Cape, 1978. 352 p.

NOWAK, R. Blood transfusions found to harm some patients. *Newscientist*, v. 2653, 2008.

POOLE, R. M. *The Incredible machine*. Washington, DC: The National Geographic Society, 1994. 384 p.

PRANKE, P. A importância de construir bancos de sangue de cordão umbilical no Brasil. *Ciência e Cultura*, v. 56, 2004.

SHERMER, M. The doping dilemma. *Scientific American*, v. March, 2008.

STIX, G. Saying yes to no. *Scientific American*, v. November, 2001.

# O AUTOR

**ROGÉRIO G. NIGRO** nasceu em São Paulo/SP. É doutor em ensino de Ciências e Matemática pela Faculdade de Educação da Universidade de São Paulo e mestre em Biologia pelo Instituto de Biociências dessa mesma universidade. Começou a lecionar desde os tempos de escola. Seus primeiros alunos foram os colegas de classe que precisavam de reforço escolar. Mais tarde, no segundo ano de faculdade, começou a dar aulas de Biologia para o ensino médio. Deu aulas para alunos do ensino médio de cursos regulares, de magistério e também para cursinhos pré-vestibular.

Após ter se graduado em Ciências Biológicas, começou a dedicar-se à pesquisa acadêmica e ao ensino de Ciências para crianças, desde a educação infantil até o 9º ano do ensino fundamental.

Desde então tem escrito livros paradidáticos, didáticos, artigos em revistas de divulgação científica e participado de projetos de ensino a distância.

Atualmente dedica-se à pesquisa em ensino de Ciências e à formação de professores. Em virtude dessas atividades, tem apresentado trabalhos em revistas e congressos nacionais e internacionais e realizado cursos sobre a didática das ciências em escolas da rede particular de ensino.

## Coleção Projeto Ciência

**Novo projeto gráfico e na nova ortografia**

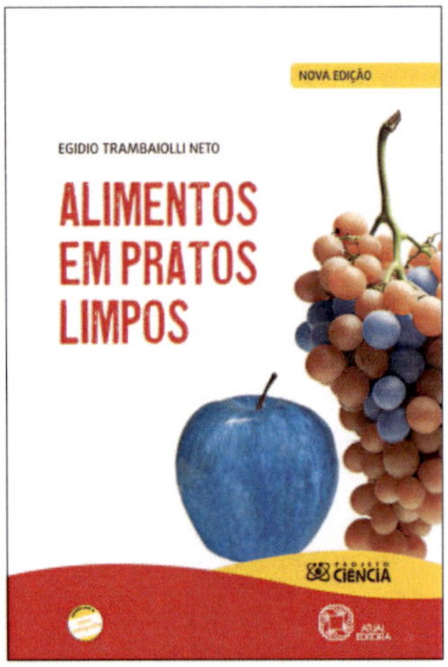


Alimentos em pratos limpos

Regiões litorâneas

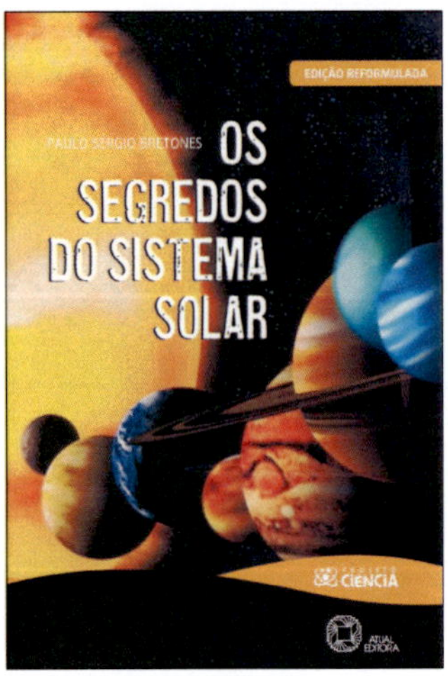


Os segredos do sistema solar

Os segredos do universo

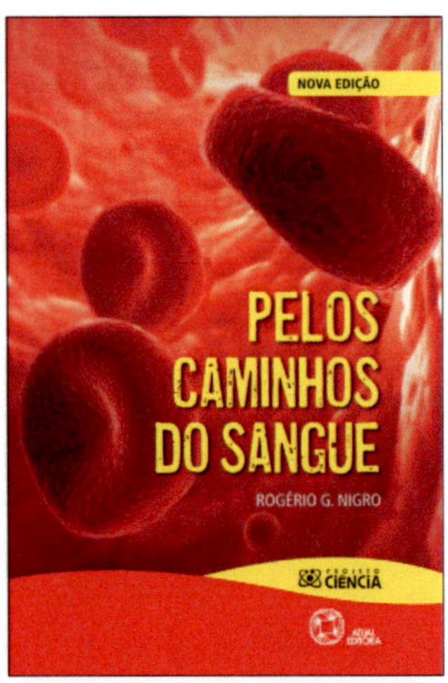


Pelos caminhos do sangue

## Outros títulos da coleção Projeto Ciência

A dinâmica do corpo humano

Lições da natureza

A fascinante aventura da vida

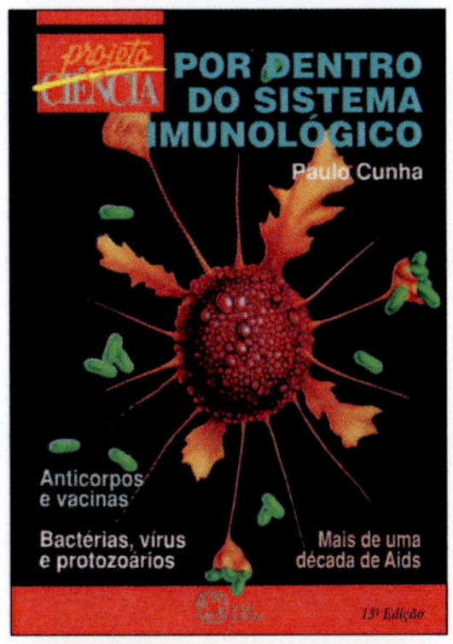


Por dentro do sistema imunológico

Água, vida e energia

Química em casa

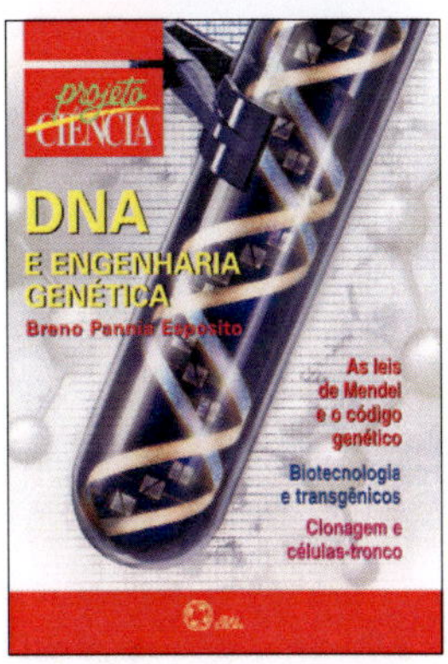


DNA e engenharia genética

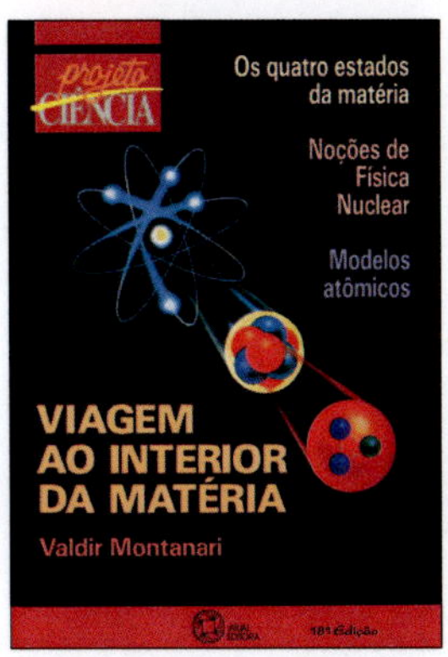


Viagem ao interior da matéria